AF573372

Baby-Ernährung

bei Allergien und Unverträglichkeiten

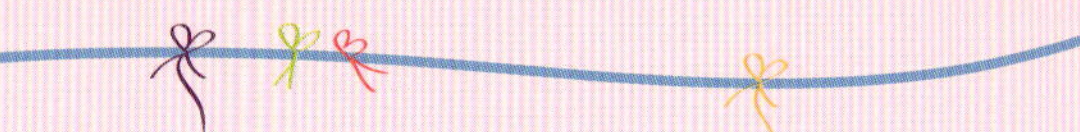

Für
Thomas,
Mia, Lina &
Emma

Natalie Stadelmann

Baby-Ernährung

bei Allergien und Unverträglichkeiten

Fotos von Peter Barci
Foodstyling Harald Hosemann

kneipp verlag
WIEN

ISBN 978-3-7088-0708-9

kneipp verlag
WIEN

Lobkowitzplatz 1, A-1010 Wien
www.kneippverlag.com
www.facebook.com/KneippVerlagWien

LEKTORAT: Gudrun Ruoff, München
BUCHGESTALTUNG: Maria Schuster
UMSCHLAG: Oskar Kubinecz
COVERFOTO: istock/Solstock

DRUCK & BINDUNG: Finidr
Printed in the EU
7 6 5 4 3 2 1

Inhalt

Mit Wohlfühlritualen

Mit Beikostplan

Mit Unverträglichkeits-Leitsystem

Milchfrei
Glutenfrei
Eifrei
Fructosearm
Histaminarm
Reizarm

Was die Hebamme dazu meint ...

Ernährung und Gesundheit sind eng miteinander verwoben.

Essen – ein Grundbedürfnis jedes Menschen. Nach der Muttermilch soll die feste Kost fürs Kind natürlich gesund sein und den Kleinsten auch schmecken. Und sie sollte idealerweise fürs Auge ansprechend, schnell und einfach zuzubereiten sein.

Die Ansprüche an Nahrungsmittel werden größer, das Wissen ist umfangreich und es wird immer deutlicher: Ernährung und Gesundheit sind eng miteinander verwoben. Dies bedeutet im Umkehrschluss, dass Krankheiten tatsächlich manchmal hausgemacht oder deutlicher gesagt durch die Industrie verursacht sind.

Natalie Stadelmann, meine Schwiegertochter, hat sich eine gesunde Ernährung nicht nur zum Beruf, sondern zur Lebensaufgabe gemacht. Sie schreibt aus Erfahrung! Ihre Kinder wachsen auf und gedeihen mit frischer Familienkost. Beinahe täglich kann ich miterleben, dass es auch im turbulenten Familienalltag möglich ist, Kindern gesundes, frisches und verträgliches Essen auf den Tisch zu bringen.

Gerade wenn es um gesunde Babykost geht, spielt die Allergieprophylaxe eine immer größere Rolle. Und insbesondere wenn sich Nahrungsmittelunverträglichkeiten und Allergien bereits zeigen, ist kompetenter Rat unumgänglich.

Natalie Stadelmann ist es gelungen, den Bogen zu schlagen von einer fundierten, sachlichen Information rund um das Thema Allergie bis hin zur Praxis: schmackhafte, kindgerechte Rezepte von der Beikost bis zum Übergang zur Familienkost runden das Wissen um die gesunde Babyernährung ab. Klare Übersichtslisten bieten einen schnellen Überblick und zeigen auf, wo Vorsicht geboten ist und was in welchem Nahrungsmittel enthalten ist.

Dass alles mit Leichtigkeit und im Handumdrehen zubereitet ist, ist selbstverständlich. Etwa der Zucchini-Brei in zehn Minuten und in 25 Minuten steht gar ein Pastinaken-Kartoffel-Kalbfleisch-Brei auf dem Tisch.

Zugleich weist die Fachfrau aus der Apotheke und Vollherzmutter die Rezepte daraufhin aus, was glutenfrei, eifrei, fructose-, histamin- beziehungsweise reizarm ist.

Im Kapitel „Sonderfall Neurodermitis“ kann jede/r Leser/in schnell erkennen, dass sich ein Puzzleteil zum anderen fügt – wie so oft im Leben –, um daraus dann ein komplettes Krankheitsbild entstehen zu

lassen. Umso wichtiger ist es daher, die Hintergründe und Zusammenhänge zu verstehen. So können Sie als Eltern Einfluss nehmen – etwa durch die Verwendung von hochwertigen Pflanzenölen zum Essen und zur Hautpflege. Und Sie erfahren auch, wie Sie Stressfaktoren und Reizstoffe fürs Kind wie Tabak oder Chemie in Textilien reduzieren. Denn sie sind oft die Ursache von Beschwerden, nicht nur „falsches" Essen.

Ich wünsche dem Buch eine breite Leserschaft. Nicht nur Betroffene, sondern auch Verwandte und Freunde sollen es zur Hand nehmen, um dem Kind und seinen Eltern mit positiven Ermunterungen und Tipps zur Seite zu stehen. So wird die Last von den Kindern genommen und es wird ihnen das Essen nicht vermiest, sondern so richtig schmackhaft gemacht!

Ihre
Ingeborg Stadelmann
Hebamme, Aromatherapeutin und Referentin
Wiggensbach im Allgäu

Was der Apotheker dazu meint ...

Mitfühlendes Verständnis, kompetenter Rat und praktische Hilfestellung – das sind die Grundlagen einer erfolgreichen Beratung in der Apotheke. Genau das erwartet Sie ebenfalls in diesem Buch und sorgt für weiterreichende Unterstützung.

Allergien, Nahrungsmittelunverträglichkeiten und chronisch entzündliche Hauterkrankungen sind Themen, die gerade bei jungen Familien, deren Babys bereits in den ersten Monaten mit diesen Beschwerdebildern konfrontiert sind, zu großer Herausforderung werden können. Die Gründe und Auslöser sind vielfältig, genauso wie die Möglichkeiten der Unterstützung und Therapie. Daher ist es notwendig, die Individualität des Kindes und der gesamten Familie zu berücksichtigen und einen optimalen Lösungsweg zu entwickeln, fernab von pauschalen Diätformen und einheitlichen Empfehlungen zur Hautpflege.

Hierfür bringt Natalie Stadelmann alles mit: **Verständnis** für die Probleme und Unsicherheiten, die Betroffene begleiten. **Kompetenter Rat,** immer auf der Suche nach den Ursachen. Und **professionelle Aufklärung** über die Aussagekraft und Grenzen von Allergietests, über mögliche begleitende Auslösefaktoren wie Zusatzstoffe in Lebensmitteln und Hautpflegeprodukten. Darüber hinaus macht sie die Bedeutung einer gesunden Ernährung und ganzheitlichen Lebensweise auf gut nachvollziehbare Weise deutlich. Sie lernen das Lesen und Erkennen von Zusatzstoffen auf Lebensmitteletiketten und Kosmetika sowie die Bewertung und Auswahl geeigneter Textilien und erhalten ein vielfältiges Repertoire an gesunden und ausgewogenen Rezepten, die vom ersten Löffel bis ins zweite Lebensjahr die kulinarische Entdeckungsreise Ihres Babys ermöglichen.

So finden Sie hier viele praktische Hilfestellungen, die im Familienalltag erfolgreich und leicht umzusetzen sind!

Ich wünsche, dass dieses Buch betroffenen Familien Rat und Hilfe leistet und von Fachleuten zur Information und Beratung zur Hand genommen wird.

Ihr
Dietmar Wolz
Fachapotheker für Allgemeinpharmazie
mit Zusatzbereich Ernährung
Kempten im Allgäu

Einleitung

Essen mit Genuss – wichtig von Anfang an

„Eure Nahrungsmittel sollen eure Heilmittel und eure Heilmittel sollen eure Nahrungsmittel sein."

Dieses berühmte Zitat von Hippokrates, Begründer der wissenschaftlichen Medizin (460 v. Chr. bis 370 v. Chr.), hat über die Jahrhunderte nichts an seiner Richtigkeit verloren. Gerade in unserer Zeit, in der die Esskultur geprägt ist von Fertig- und Convenience-Produkten, Fast Food und Snacks, ist es wichtig, dass Kinder schon frühzeitig an ein gesundes und vor allem genussvolles Essverhalten herangeführt werden. Denn Nahrungsmittel sind nicht nur physiologisch essenzielle Vitalstofflieferanten, sie sind auch Heilmittel für die Seele. Viele wohlige Kindheitserinnerungen sind geprägt durch den Duft von Omas frisch gebackenem Apfelkuchen oder dem köstlichen Sonntagsbraten aus unserer Kindheit. Liebe und auch Heilung gehen durch den Magen und unsere Nase isst bei jedem Bissen mit. In Verbindung mit diesen emotionalen Erlebnissen werden unsere Geschmacksvorlieben ein Leben lang geprägt. Bestimmt kennen Sie das Glücksgefühl und die Entspannung, die durch den Genuss beliebter Nahrungsmittel hervorgerufen werden. Und genau diese wohligen Emotionen und positiven Erinnerungen prägen schon zu einem sehr frühen Zeitpunkt das Essverhalten unserer Kinder. Somit wird ein wichtiger Grundstein für das spätere Ernährungsverhalten bereits im frühesten Säuglingsalter und in der Kindheit gelegt. Nur wer mit Genuss und gutem Gefühl an eine vielseitige und ausgewogene Ernährung herangeführt wird, kann auch im Erwachsenenleben immer wieder auf diese Erfahrung zurückgreifen.

Kinder sollen frühzeitig an ein gesundes und genussvolles Essverhalten herangeführt werden.

Bereits im Mutterleib, wenn das Ungeborene anfängt Fruchtwasser zu schlucken, prägen die Aromastoffe der von der Mutter verzehrten Nahrungsmittel die Geschmacksentwicklung des Babys. In der Stillzeit wird dies über den Geschmack der Muttermilch fortgesetzt. Eine ausgewogene und vielseitige Ernährung der werdenden und stillenden Mutter kommt also nicht nur ihr zugute, sondern sichert neben einer ausreichenden Nährstoffzufuhr auch eine mannigfaltige Geschmacksprägung des Babys. Und auch beim Start in die

Beikostzeit profitiert Ihr Nachwuchs von diesen Erfahrungen. Wenn ein Geschmack bereits einmal bekannt und positiv bewertet ist, fällt die Umstellung auf die entsprechenden Lebensmittel und das selbstständige Essen umso leichter.

Was aber, wenn schon kleine Babys mit Krankheitssymptomen auf bestimmte Nahrungsmittel reagieren? Leider ist dies immer häufiger der Fall. Bereits die Suche nach möglichen Auslösern für die Beschwerden und das eindeutige Identifizieren des Krankheitsbildes beeinträchtigen viele junge Familien. Nicht allzu selten stellt sich beim Essen anstelle von Freude und Genuss sogar Stress ein. Der Weg bis zur Besserung ist oft lang und mit Geduld verbunden.

Genuss und wohlige Erinnerungen prägen das Essverhalten ein Leben lang.

Eine Allergie oder Unverträglichkeit gegen ein bestimmtes Lebensmittel kann weitreichende Auswirkungen auf die gesamte Lebensqualität und den Tagesablauf haben. Nicht nur der Verzicht auf viele Speisen, auch die Gefahr einer Mangelernährung belasten und verunsichern Eltern und führen zu einem negativ geprägten Essverhalten betroffener Kinder. Hinzu kommen oftmals quälende Symptome wie anhaltende Verdauungsbeschwerden oder hartnäckige entzündliche Hautreaktionen.

Allergien und Unverträglichkeiten beeinträchtigen nicht nur die Ernährung, sondern belasten auf vielfache Weise den gesamten Lebensablauf.

Werden diese Erkrankungen nicht treffend erkannt oder falsch behandelt, bedeutet das für die kleinen Patienten oftmals eine langwierige und starke Beeinträchtigung der Lebensfreude. Aufgrund der sensiblen Wachstumsphase geht dies schnell mit Einbußen der gesunden Entwicklung einher. Mit einer frühen und sicheren Diagnose und einer damit verbundenen gezielten Behandlung und Ernährungsumstellung lassen sich Allergien und Unverträglichkeiten günstig beeinflussen. In vielen Fällen verschwinden die Beschwerden innerhalb kurzer Zeit wieder.

Wichtig und entscheidend sind eine sichere Diagnose und die richtige gezielte Behandlung und Ernährungsumstellung.

Doch was ist eine Allergie? Und muss wirklich zwangsläufig die Diagnose „Allergie“ folgen, sobald ein unverträgliches Lebensmittel eine Reaktion hervorruft?

Allergien und Unverträglichkeiten. Was steckt dahinter, wo sind die Unterschiede?

Grundsätzlich sind zwei übergeordnete Gruppen der Nahrungsmittelunverträglichkeiten (NMU) zu unterscheiden:
Zum einen sind es **allergische Nahrungsmittelunverträglichkeiten.** Hier spielt immer eine Reaktion des Immunsystems eine Rolle. Im Säuglingsalter sind dies insbesondere die Kuhmilch- und Hühnereiallergie sowie Reaktionen auf Soja, Nüsse, Fisch, Weizen und Gluten (Zöliakie).

Eine wichtige Unterscheidung: allergische oder nicht-allergische Nahrungsmittelunverträglichkeit?

Daneben gibt es eine Vielzahl von **nicht-allergischen Nahrungsmittelunverträglichkeiten,** die auf unterschiedlichen Reaktionen auf Nahrungsmittelinhaltsstoffe basieren können. Dazu zählen Unverträglichkeiten von natürlichen Nahrungsmittelinhaltsstoffen wie biogene Amine oder Aromastoffe, Nahrungsmittelzusatzstoffen und Kohlenhydratverwertungsstörungen wie die Milchzuckerunverträglichkeit (Lactoseintoleranz) und die Fructoseverwertungsstörung (Fructosemalabsorption).
Diese Unterscheidung ist von entscheidender Bedeutung für das Erkennen und Verstehen einer Unverträglichkeit. Dadurch kann oftmals eine lange und leidvolle Suche nach den Auslösern erspart werden. Zugleich ist es die Basis für eine gezielte und Erfolg versprechende Behandlung der Beschwerdesymptome. Besonders die (Eigen-)Diagnose „Allergie" wird oftmals zu schnell und voreilig gestellt und beeinflusst dann häufig über lange Zeit das Ernährungsverhalten auf belastende Weise. Letztendlich sind entgegen der landläufigen Einschätzung der Bevölkerung (etwa ein Drittel vermutet hinter ihren Beschwerden eine Nahrungsmittelallergie) nur 3–4% wirklich allergisch auf Nahrungsmittelbestandteile. Dabei fällt ein prozentualer Anteil von ca. 4% auf die Säuglinge und Kleinkinder. Im Alter von 3–15 Jahren haben sogar nur noch 2–3% der Kinder eine „echte" Nahrungsmittelallergie.

Nur ca. 4% der Säuglinge und Kleinkinder und 2–3% der 3–15-Jährigen sind von einer „echten" Allergie betroffen.

Allergische Nahrungsmittelunverträglichkeiten

Noch vor wenigen Generationen waren Allergien eine Seltenheit, gegen Ende des 20. Jahrhunderts jedoch war ein sprunghafter Anstieg von allergischen Erkrankungen zu verzeichnen und mittlerweile sind auch immer mehr Babys und Kinder schon sehr früh von allergischen Symptomen betroffen. Vor allem Hauterkrankungen wie Neurodermitis und im weiteren Alter dann Pollenallergien und allergisches Asthma treten zusehends bei mehr Klein- und Schulkindern auf. Im Säuglings- und Kleinkindalter sind in bis zu 90% aller Fälle Grundnahrungsmittel die Auslöser für allergische Reaktionen. In den meisten Fällen reagieren die Kleinen auf ein bis zwei unterschiedliche Lebensmittel. So ist es häufig ausreichend, wenn der Speiseplan mit einer entsprechenden Ernährungsumstellung bzw. eine Reduzierung dieser Lebensmittel geändert wird. Beruhigenderweise ohne gravierende Nährstoffeinbußen, zumal durch andere Lebensmittel kompensiert werden kann.

Die Allergieanfälligkeit unserer Kinder hat sich im letzten Jahrhundert stetig erhöht.

Bei der Entstehung einer Allergie spielt immer unser Immunsystem eine entscheidende Rolle. Häufig werden Allergien auch als „Fehlreaktionen" des Immunsystems bezeichnet, was aber nur bedingt richtig ist. Fakt ist, dass unser Körper bei jedem Erstkontakt mit einem fremden Eiweiß entscheidet, ob dieses für den Organismus tolerierbar oder möglicherweise problematisch ist. Er produziert sogenannte Immunglobuline, die dann bei einem erneuten Kontakt schnell zu einer allergischen Reaktion führen können. Ist ein Protein als unbedenklich eingestuft, bilden sich vorwiegend Immunglobuline vom Typ „G", auch IgG genannt. Diese nahrungsmittelspezifischen IgG sind somit Zeichen einer Toleranzentwicklung und nicht zur Diagnose einer Allergie geeignet!

Kommt es hingegen zu einer fehlgeleiteten Reaktion und unser Immunsystem bewertet ein eigentlich unschädliches Nahrungsmittelprotein als riskant, so werden in der weiteren Reaktion vermehrt **Immunglobuline vom Typ „E",** IgE, produziert. Diese Antikörper führen dann bei jedem weiteren Kontakt mit dem Fremdeiweiß, dem sogenannten Allergen, zur Ausschüttung von Botenstoffen, welche dann zu den entsprechenden allergischen Symptomen führen. Wichtigster Botenstoff ist hierbei das **Histamin,** das für allergische Haut-, Schleimhaut- und Atemwegsreaktionen, Magen-Darm-Störungen, Kreislaufbeschwerden bis hin zum allergischen Schock verantwortlich ist.

Reaktionen sind zum Beispiel Durchfall, tränende Augen, laufende Nase, asthmatische Anfälle, Verengung der Luftröhre, Ausschlag, Rötung, Schwellung und Jucken der Haut. Von dieser IgE-vermittelten Reaktion sind ca. 85% aller Allergien betroffen. Sie werden auch als **allergische Sofortreaktion** bezeichnet, da die Symptome klassisch innerhalb weniger Minuten bis zu zwei Stunden nach Allergenkontakt auftreten. Nachzuweisen sind diese Allergien vor allem durch den Gehalt an spezifischen IgE im Blut.

Ein weiteres wichtiges Erkennungsbild für echte Allergien ist, dass diese schon **bei Kontakt mit kleinsten Mengen** des Allergens auftreten können, wohingegen nicht allergische Unverträglichkeiten häufig mengenabhängig sind.
Doch Achtung! **Nicht jeder positive Allergietest bedeutet auch, dass ein Kind auf die entsprechenden Lebensmittel mit Symptomen reagiert!** Zuallererst weist er auf eine vorhandene Sensibilisierung hin. Diese muss nicht zwangsläufig auch zu einer allergischen Reaktion führen. Und ein großer Teil der Neurodermitiker zum Beispiel reagiert überhaupt nicht allergisch auf Nahrungsmittel! (Mehr dazu siehe auch im Kapitel „Sonderfall Neurodermitis" ab Seite 26.)

Neben den IgE-vermittelten allergischen Nahrungsmittelunverträglichkeiten gibt es noch einen zweiten Typ, nämlich die **zellvermittelten Spätreaktionen.** Dabei spielen **sensibilisierte T-Lymphozyten** eine zentrale Rolle. Vor allem bei der **Neurodermitis** und bei Reaktionen auf Kuhmilchproteine im Säuglings- und Kindesalter können diese von Bedeutung sein, aber auch bei der Entstehung der

Spezifische Immunglobuline vom Typ E, sogenannte IgE, sind ein Hinweis auf eine mögliche allergische Nahrungsmittelunverträglichkeit.

Zöliakie (siehe auch Kapitel „Nahrungsmittelallergien" ab Seite 46). Als Auslöser wird unter anderem eine erhöhte Durchlässigkeit der Dünndarmschleimhaut vermutet, welche beispielsweise durch Entzündungsreaktionen auftreten kann.
Allergische Spätreaktionen treten in der Regel innerhalb von 6 bis 24, manchmal auch bis zu 48 Stunden nach Nahrungsmittelaufnahme in Erscheinung, häufig auch nach wiederholtem Verzehr. Auch **Mischformen** von IgE- und Nicht-IgE-vermittelten Reaktionen sind möglich.

Nicht-allergische Nahrungsmittelunverträglichkeiten

Die Differenzierung zwischen Allergie und Nahrungsmittelintoleranz ist oft schwierig.

Neben den beschriebenen allergischen Nahrungsmittelunverträglichkeiten gibt es noch eine Reihe weiterer Beschwerdebilder, die zwar in ihrem Auftreten ähnlich, von **der Entstehung und dem Verlauf** jedoch zum Teil sehr **unterschiedlich** sind. Die Differenzierung von einer echten Allergie ist oft schwierig, denn auch bei nicht allergischen Nahrungsmittelunverträglichkeiten sind die Symptome häufig ähnlich denen einer echten Allergie. Allerdings finden **weder Antikörperausschüttungen (IgE) noch eine Sensibilisierung** statt. Stattdessen können die Symptome schon beim ersten Kontakt auftreten und es spielt oft eine entscheidende Rolle, wie groß die Menge der verzehrten unverträglichen Lebensmittel war. Kleine Mengen werden gut vertragen, größere Mengen oder eine Kombination führt zu Problemen. Besonderes Merkmal ist die individuelle Dosisabhängigkeit, die von Mensch zu Mensch auch unterschiedlich sein kann. Vor allem wenn Allergietests ohne Befund sind, muss mit einer anderweitigen Unverträglichkeit gerechnet werden. Da die Entstehungsmechanismen, Auslöser und Reaktionen sehr vielfältig sein können, ist die Diagnose vor allem im Säuglings- und Kleinkindalter schwierig und oft mit einer langen Suche verbunden. Obwohl diese Unverträglichkeiten statistisch gesehen die Mehrzahl der nahrungsmittelbedingten Reaktionen ausmachen, treten sie im Säuglings- und Kleinkindalter glücklicherweise nur sehr selten auf. Auf die am weitesten verbreiteten soll im Folgenden kurz eingegangen werden.

Nicht-allergische/pseudoallergische Nahrungsmittelunverträglichkeiten oder auch Nahrungsmittelintoleranzen sind Reaktionen auf biogene Amine, Aromastoffe oder Nahrungsmittelzusatzstoffe.

Zu den biogenen Aminen zählt vor allem **Histamin,** das bei vorhandener oder erworbener Intoleranz direkt und ohne Beteiligung von IgE zu Schleimhautschwellungen, Hautreizungen und Jucken, Nasenlaufen und Atem- sowie Verdauungsbeschwerden führen kann. Eine Unverträglichkeit auf biogene Amine wird deshalb häufig auch als **Histaminintoleranz** bezeichnet.
Biogene Amine sind in fast allen Nahrungsmitteln enthalten und werden bei der Verdauung im Darm direkt aufgenommen. Durch Verarbeitung, Reifung oder Lagerung kommt es zu biochemischen und mikrobiologischen Eiweißveränderungen und somit zur vermehrten Bildung größerer Mengen von biogenen Aminen. Vor allem bei Fisch und Fleischwaren, bestimmten Käsesorten und Hefe ist dies der Fall. In einigen pflanzlichen Lebensmitteln wie Ananas, Avocados, Bananen, Spinat, Tomaten, Walnüssen, Erdbeeren, Himbeeren sind sehr viele biogene Amine enthalten bzw. wird nach dem Verzehr im Körper viel Histamin freigesetzt.

Beschwerden treten dann auf, wenn ...

- **... zu viele biogene Amine über die Nahrung aufgenommen werden.** Dies ist zum Beispiel bei der häufig vermuteten Erdbeerallergie der Fall (die aber fast immer eine Reaktion auf das enthaltene Histamin ist). Die Toleranzschwelle ist dabei sehr individuell und gerade bei Babys und Kleinkindern können natürliche Lieferanten schnell zu einer erhöhten Dosis an biogenen Aminen führen. Das bedeutet jedoch nicht, dass diese Lebensmittel prinzipiell zu meiden sind, sondern nur, dass im Laufe der Entwicklung die tolerierbare Menge immer wieder ausprobiert werden muss. **Gerade im Beikostalter können diese Lebensmittel zeitweise zu Reaktionen führen. Kleinere Mengen davon oder ein erneuter späterer Verzehr sind dann meist ohne Folgen und bleiben beschwerdefrei.**
- **... der Abbau im Körper gestört ist.** Für den Abbau des Histamins im Körper ist ein Enzym, die **Diaminoxidase (DAO)** zuständig. Durch verschiedene Einflussfaktoren oder einen angeborenen Enzymmangel kann die Aktivität der DAO vermindert sein, was dann zu erhöhten Histaminwerten im Körper und den damit verbundenen Symptomen führt. Diese Form der Intoleranz ist bei Kindern sehr selten, im Erwachsenenalter kann sie medikamentös durch Substitution der DAO begleitet werden.
- **... eine zusätzliche Histaminausschüttung im Körper erfolgt.** Etwa durch akute Allergien. Das erklärt auch, dass beispielsweise

Pollenallergiker neben den bekannten Kreuzreaktionen während der Belastungszeit auch auf eine Vielzahl anderer Lebensmittel reagieren.

- **... vermehrt Histamin über den Darm aufgenommen wird.** Insbesondere bei entzündlichen Darmerkrankungen und chronischen Hautreaktionen wird ein Zusammenhang vermutet. Dies verdeutlicht zudem die Bedeutung einer gesunden Darmflora und -barriere und zeigt deren Rolle im Zusammenhang mit nahrungsmittelbedingten Unverträglichkeiten auf.

Folgende Nahrungsmittel enthalten **viel biogene Amine (Histamin, Tyramin, Serotonin)** oder können die Freisetzung von Histamin im Körper verstärken:

- Tomaten, Auberginen, Spinat, Avocados
- Zitrusfrüchte, Bananen, Kiwi, Erdbeeren, Himbeeren, Ananas
- Bohnen und Hülsenfrüchte
- Erdnüsse und andere Nüsse
- Sojaprodukte
- Hefe

Im Küchenalltag kann durch die Lagerung und Zubereitung der Histamingehalt von Speisen beeinflusst werden. Insbesondere das Aufbewahren bei warmen Temperaturen und das erneute Aufwärmen von Mahlzeiten führt zu einem starken Anstieg des Histamingehaltes. Da Histamin wasserlöslich ist, kann dagegen das Wässern von

Lebensmitteln, vor allem bei Fleisch und Fisch, den Histamingehalt deutlich reduzieren.
Als weitere Auslöser werden **natürliche Aromastoffe** in Nahrungsmitteln diskutiert. Laut Untersuchungen kommen hierbei zahlreiche Obstsorten und auch Trockenfrüchte infrage sowie Artischocken, Erbsen, Spinat, Pilze, Rhabarber, Tomaten und Paprika. Vor allem die beiden letztgenannten lösen im Beikostalter manchmal Beschwerden aus. Da Obst generell zu meiden keinen Sinn macht, ist es ratsam, Obstsorten, vor allem Südfrüchte und Beerenobst, achtsam und schrittweise im 3-Tage-Rhythmus neu in den Speiseplan zu integrieren, anfangs in ganz kleinen Mengen. Die Reaktionen dabei genau beobachten. So kann allmählich die Menge gesteigert werden.
Auch **natürliche Salicylate und Benzoate** können Beschwerden verursachen. Diese sind vor allem in Beerenobst, Trockenfrüchten, vielen Kräutern und Gewürzen wie zum Beispiel Anis, Dill, Kamille, Minze, Rosmarin, Thymian, Zimt, Curry oder Pfeffer zu finden. Sicherheitshalber ist es ratsam, diese Lebensmittel bei der Umstellung auf die Familienkost ebenfalls nur schrittweise in kleinen Mengen zu geben und die Reaktionen genau im Blick zu behalten.

Erbsen, Spinat, Pilze, Rhabarber, Tomaten, Paprika, Beerenobst, Trockenfrüchte, Kräuter und Gewürze lösen in manchen Fällen Unverträglichkeiten aus und sollten in der Beikost nur in kleinen Mengen und schrittweise gegeben werden.

Auch **Lebensmittelzusatzstoffe** können eine Pseudoallergie verursachen. Beispiele sind:

- Konservierungsmittel
- Farbstoffe
- Antioxidantien, vor allem synthetisches Vitamin C (Ascorbinsäure) in Fertiglebensmitteln und Fruchtsaftgetränken
- Geschmacksverstärker
- Süßstoffe
- künstliche Aromastoffe

Diese Zusatzstoffe betreffen vor allem **Fertigprodukte,** weswegen eine genaue Prüfung der Inhaltsstoffliste von großer Bedeutung ist. Häufig sind diese Zusatzstoffe auch unter den sogenannten E-Nummern gelistet. In der Beikostzeit spielen sie nur eine untergeordnete Rolle. Sobald die Kleinen jedoch anfangen, bei den Erwachsenen mitzuessen bzw. auch Lebensmittel außerhalb der Breimahlzeiten zu sich zu nehmen, und das ist häufig schon ab dem 10. Lebensmonat der Fall, sollten Sie genau auf die Zutatenlisten achten.
Eine Auflistung relevanter E-Nummern finden Sie unter www.natalie-stadelmann.de zum Download.

Achtung!

Da die Auslöser für nicht-allergische Nahrungsmittelunverträglichkeiten sehr vielfältig sein können und diagnostische Tests wie bei den Allergien nicht relevant sind, ist eine **genaue Beratung** durch geschultes Personal umso wichtiger. Im Zentrum der Beratung sollte dabei ein detailliertes **Ernährungs- und Symptomtagebuch** stehen, in welchem über ein bis zwei Wochen alles detailgenau festgehalten wird, was das Baby zu essen bekommt. Dies beinhaltet auch die Auflistung von Zeitpunkt und Dauer der Beschwerden sowie deren Beschreibung. Als Hilfestellung finden Sie einen Vordruck für einen **Beikostplan,** den Sie ausdrucken und ausfüllen können, auf meiner Website unter **www.natalie-stadelmann.de.**
In manchen Fällen können auf diese Weise schon von vornherein mögliche Verursacher eingegrenzt werden. Ist dies nicht der Fall, müssen über einen Zeitraum von ca. 4 Wochen alle in Betracht kommenden Auslöser strikt gemieden werden. Dies sollte unbedingt im Rahmen einer fundierten Ernährungsberatung geschehen. Nach und nach werden dann schrittweise einzelne Lebensmittel provokativ wieder verzehrt, um anhand der Reaktionen die Ursache der Beschwerden herauszufinden.

Rezepte für reizarme Beikost finden Sie im Rezeptteil ab Seite 53.
Sollten Sie den Verdacht haben, dass Ihr Kind an einer nicht-allergischen Nahrungsmittelintoleranz leidet, muss in jedem Fall ein Kinderarzt und/oder eine Ernährungsberaterin zurate gezogen werden! Da bei diesen Formen der Unverträglichkeit gerade im Kindesalter eine **Spontanheilung sehr häufig** ist, ist es ratsam die entsprechenden Lebensmittel in regelmäßigen Abständen wieder auszutesten und wenn möglich in steigender Menge wieder in den Speiseplan zu integrieren.

Als dritter Beschwerdekomplex der Nahrungsmittelunverträglichkeiten kommen noch die im Kindesalter eher seltenen Kohlenhydratverwertungsstörungen wie die **Milchzuckerunverträglichkeit (Lactoseintoleranz)** und die **Fructoseverwertungsstörung (Fructosemalabsorption)** infrage.

Bei einer **Lactoseintoleranz** liegt eine gestörte Verdauung von Milchzucker (Lactose) vor, bedingt durch einen **Enzymmangel.** Lactose ist ein Kohlenhydrat, das vor allem in der Muttermilch des Menschen und der Säugetiere, somit auch in Kuhmilch vorkommt. Während bis

zu 20% der erwachsenen Bevölkerung in unseren Breiten unter dieser Art der Stoffwechselstörung leiden, ist sie bei Säuglingen und Kleinkindern extrem selten. Im Alter von über 6 Jahren sind etwa 10% der Kinder betroffen. Der Grund dafür ist einleuchtend: um Lactose im Körper zu verwerten, muss es im Darm zuerst durch das Enzym Lactase in seine zwei Einzelzucker Glucose und Galactose gespalten werden. Säuglinge haben daher von Natur aus eine große Menge an diesem Enzym, um diesen wichtigen Energieträger nutzen zu können. Im Laufe des Erwachsenwerdens nimmt dann die Aktivität der Lactase immer weiter ab, sodass immer mehr Milchzucker unverdaut im Darm bleibt und dort zu den Beschwerden wie Blähungen, Völlegefühl, Koliken und Durchfällen führt.

Bei der **Fructosemalabsorption** liegt eine individuell ausgeprägte Aufnahmestörung des Einfachzuckers Fructose vor. Dabei wird die in Obst, Säften, Honig und Fertigprodukten enthaltene Fructose entweder aufgrund einer Kapazitätsüberschreitung der im Dünndarm lokalisierten Transportsysteme oder aufgrund einer Dünndarmerkrankung bzw. Störung der Dünndarmflora nicht ausreichend in den Körper aufgenommen. Der verbleibende Zucker wird weiter im Dickdarm von Bakterien vergärt, was zur Bildung von Gasen mit Beschwerden wie Blähungen, Völlegefühl, Bauchkrämpfen und Durchfall führt.

Die Diagnose erfolgt wie auch bei der Lactoseintoleranz über einen H_2-Atemtest, kombiniert mit diätetischen Maßnahmen. Ist eine Fructosemalabsorption festgestellt, müssen je nach individueller Verträglichkeit fructosehaltige Lebensmittel gemieden werden. Die gleichzeitige Aufnahme von Glucose (Traubenzucker) innerhalb einer Mahlzeit kann die Fructoseresorption unterstützen, sodass damit auch gezielt die Verträglichkeit von Lebensmitteln verbessert werden kann. So werden Nahrungsmittel mit einem günstigen Fructose-Glucose-Verhältnis meist gut vertragen bzw. kann durch Zugabe von etwas Traubenzucker (= Glucose) die Verträglichkeit positiv beeinflusst werden.

Fructose besitzt eine bedeutend höhere Süßkraft als normaler Haushaltszucker und wird deshalb viel in industriellen Fertigprodukten und Limonaden verwendet. Diese Lebensmittel sollten Sie insbesondere bei Babys und Kleinkindern meiden.

Interessant im Kindesalter ist, dass hier in Wachstumsphasen häufig eine **vorübergehende Fructoseverwertungsstörung** auftritt, die dann ganz von alleine wieder verschwindet. Insbesondere ein hoher Konsum von Obstsäften, Limonaden und industriell hergestellten fructosereichen Nahrungsmitteln wie Fruchtzubereitungen, Süßwaren und Diätprodukten, speziellen Kinderlebensmitteln wie Baby- und

Kinderkeksen sowie von fructosegesüßten Molkereiprodukten wie Joghurt oder Milch- und Molkedrinks oder Gebäck fördert die Entstehung solcher Unverträglichkeitsreaktionen. Zudem wird dadurch die verwertbare Grenze von ca. 25 g/Tag überschritten und es treten auch ohne bestehende Intoleranz physiologisch bedingt Beschwerden auf. Zuckeraustauschstoffe wie Sorbit oder Xylit, welche häufig in zuckerfreien Süßwaren oder Zahnpasta Verwendung finden, können zudem die Beschwerden einer Fructosemalabsorption verstärken.

Vorsicht!

Folgende Lebensmittel enthalten viel Fructose bzw. ein ungünstiges Fructose-Glucose-Verhältnis und sollten bei einer Fructoseintoleranz oder dem Verdacht darauf reduziert oder gemieden werden: **Apfel, Birne, Mango, Weintrauben, Kirsche, Mirabelle, Wassermelone und alle Zubereitungen daraus, z. B. Kompott, Saft; Trockenfrüchte, insbesondere Datteln und Rosinen; Honig, Apfel-, Birnen- und Agavendicksaft und alle mit Zuckeraustauschstoffen, Fructose und Fructosesirup gesüßten Produkte.**

Empfehlenswert!

Diese Lebensmittel sind bei einer Fructoseintoleranz in der Regel gut verträglich und somit **bevorzugt in der Beikost** zu verwenden: **Erbsen, Spinat, Fenchel, Pastinaken, Rote Bete, Mangold, Blumenkohl, Kürbis, Spargel, Kartoffel, Zuckermais, Zucchini, Salatgurke, Avocado, Banane, Aprikose, Pfirsich, Pflaume, Zuckermelone.**

Andere Obst- und Gemüsesorten sollten in kleinen Mengen getestet werden.

Allergieprophylaxe im Säuglingsalter

Das Risiko, im Laufe des Lebens an einer Allergie zu erkranken, ist großteils erblich bedingt und wird uns sozusagen schon in die Wiege gelegt. Diese allergische Veranlagung, auch Atopie genannt, steigt schon um bis zu 30 Prozent, wenn ein Elternteil an einer Allergie leidet. Tragen beide Elternteile eine entsprechende Veranlagung, dann wird diese mit einer zu 60 Prozent hohen Wahrscheinlichkeit auch an das Kind weitergegeben.

Die Macht der Gene – so wird das Allergierisiko vererbt:
Beide Eltern allergisch mit gleicher Erkrankung: 60–80%
Beide Eltern allergisch: 50–60%
Vater oder Mutter allergisch: 20–40%
Geschwisterkind allergisch: 25–35%
Familie nicht allergisch: 15%

Bei atopischen Geschwisterkindern, also wenn mindestens ein Geschwisterkind auch schon von einer Allergie betroffen ist, ist das Risiko immer noch um 25 Prozent erhöht. Kinder aus „allergiefreien" Familien haben noch ein ca. 15%iges Risiko, eine Allergie zu entwickeln.

Doch ob sich aus dieser Veranlagung wirklich auch eine Allergie entwickelt, dafür spielen eine Menge anderer Einflussfaktoren eine Rolle. Denn letztendlich bekommen wir nur eine bestimmte genetische Prägung mit. Ob diese Gene dann dafür verantwortlich sind, wenn es zum Ausbruch einer Allergie kommt, ist unter anderem von Umwelteinflüssen und dem Ernährungsverhalten abhängig.

Neben der genetischen Prägung spielt unsere Umwelt eine wichtige Rolle bei der Entstehung einer Allergie!

Und genau diese Faktoren können wir uns sowohl bei der Allergieprophylaxe als auch bei der Behandlung von Allergien genau anschauen und zunutze machen.

Empfehlungen zur Beikosteinführung

Mit Überarbeitung der **S3-Leitlinie zur Allergieprävention** hat sich in den **Empfehlungen zur Beikosteinführung** vieles geändert. Wurden früher möglicherweise allergieauslösende Lebensmittel im ersten Lebensjahr strikt gemieden, so wird heute der Kontakt empfohlen, um die Toleranzentwicklung zu fördern. Eine sinnvolle Konfrontation mit neuen Lebensmitteln zum richtigen Zeitpunkt, spielt offensichtlich eine wichtige Rolle bei der Entstehung von allergischen Beschwerden. Das Immunsystem Ihres Kindes profitiert von der rechtzeitigen Auseinandersetzung mit Allergenen, besonders wenn Sie parallel noch stillen. Auf diese Weise nämlich trainiert der Körper den Umgang damit und kann somit möglicherweise sogar dem Ausbruch einer Allergie vorbeugen.

Toleranzentwicklung statt Nahrungsmittelkarenz!

Neue Nahrungsmittel dosiert zum richtigen Zeitpunkt gegeben, helfen Ihrem Kind, sich behutsam daran zu gewöhnen.

Die Rolle des Darms

Eine ganz besondere Rolle in der Allergieprophylaxe bzw. der Allergieentstehung im ersten Lebensjahr kommt dem Darm zu. In den ersten Lebensmonaten ist die Darmbarriere, die später einen natürlichen Schutz gegen Allergene bildet, noch nicht ausgereift. Zu Beginn des neuen Lebens ist die Darmschleimhaut sogar extrem durchlässig, was auch notwendig ist. Vor allem in den ersten Tagen und Wochen können bestimmte Schutzstoffe aus der Muttermilch, sogenannte IgA-Antikörper, auf diese Weise optimal aufgenommen werden und so ihre schützende Wirkung gegenüber krank machenden Keimen ausüben.

Auch wenn Sie eigentlich nicht vorhatten zu stillen, bedenken Sie, dass gerade während der sensiblen Anfangszeit jeder Stilltag und jeder Tropfen Muttermilch wertvoll sind. Neben den Immunglobulinen enthält die Muttermilch noch eine ganze Reihe weiterer wichtiger Schutzstoffe, außerdem Bifidusbakterien und verschiedene prebiotische Stoffe, die den Aufbau einer gesunden Darmflora gewährleisten und so einen zusätzlichen Allergieschutz bieten. Werden zu einem zu frühen Zeitpunkt Fremdeiweiße gegeben, z. B. aus normaler Säuglingsmilch, so können auch diese ungehindert die Darmwand passieren und so zu einer verfrühten Allergisierung beitragen. Das ausschließliche Stillen über mindestens vier Monate und das parallele Weiterstillen während der Beikosteinführung ist daher anzuraten. So kann die Schutzwirkung der Muttermilch bei der Allergieprophylaxe eine wichtige Rolle spielen.

Die ersten 4 Lebensmonate ausschließlich zu stillen und während der Beikosteinführung weiterzustillen, schützen Ihr Kind effektiv vor Allergien!

Und auch die Ernährung der stillenden Mutter darf dabei nicht außer Acht gelassen werden. Denn kleinste Bruchstücke von den Lebensmitteln, die Sie verzehren, finden sich auch in der Muttermilch wieder. Wurde dies früher als Risikofaktor angesehen, was die Auswahl der Nahrungsmittel stark einschränkte, so gilt aktuell auch hier: der Säugling darf, ja soll ruhig mit diesen Eiweißspuren in Kontakt kommen und sich so behutsam an die entsprechenden Lebensmittel gewöhnen. Lediglich bei einem sehr geringen Anteil der Säuglinge kann es schon durch diese kleinste Allergenmengen zu einer frühen Sensibilisierung kommen.

Eine ausgewogene und vielseitige Ernährung der Mutter in der Stillzeit ermöglicht dem Säugling eine erste Toleranzentwicklung über die Muttermilch.

Doch was, wenn das Stillen nicht möglich ist?

Wenn Stillen nicht möglich ist, muss eine verträgliche, nährstoffdeckende und vor allem nichtsensibilisierende Alternative als Lösung gefunden werden. In diesem Sinne wurde im Laufe der letzten Jahre eine Vielzahl von Säuglingsmilchnahrungen als Muttermilchersatz entwickelt. Doch gerade diese Vielzahl und die damit verbundenen Werbeaussagen der unterschiedlichen Hersteller führen oftmals zu Verwirrung oder Verunsicherung bei den jungen Eltern. Und das zu einem Zeitpunkt, an dem ohnehin alles neu und aufregend ist. So wird meist schnell zum „erstbesten" Fläschchenpulver gegriffen.

Wenn Stillen nicht (ausreichend) möglich ist, muss spezielle hydrolysierte Säuglingsnahrung gegeben werden.

Für Kinder mit erhöhtem Allergierisiko gibt es spezielle Muttermilchersatznahrungen, bei welchen die Eiweißverbindungen mittels Hitze und/oder Enzyme so weit aufgespalten sind, dass der Organismus sie nicht mehr als potentielle Allergene identifizieren kann. Diese Spezialnahrungen finden sich unter der Bezeichnung **„partiell" oder „extensiv hydrolysierte Säuglingsnahrung"**. Partielle Hydrolysate erkennen Sie an der Bezeichnung **„pHF"** oder **„HA"**.

Sie sind laut der bisher größten unabhängigen Vergleichsstudie *(German Infant Nutritional Intervention oder GINI-Studie)* die Empfehlung für Risikokinder bis zum vollendeten vierten Lebensmonat. Spezielle Ersatznahrungen wie extensive Hydrolate, **„eHF"**, sind noch stärker gespalten, zeichnen sich aber durch einen bitteren Geschmack und unangenehmen Geruch aus, sind wesentlich teurer und nur über den Fachhandel, z. B. Apotheken, zu beziehen. Ähnliches gilt für Nahrungen auf Basis von **Aminosäuremischungen „AF"**.

Die zwei Spezialnahrungen eHF und AF sind für Babys mit nachgewiesener Kuhmilchallergie notwendig, scheinen aber für die Allergieprophylaxe keine besonderen Vorteile gegenüber HA-Nahrungen aufzuweisen. Möglicherweise übt gerade die geringe Restallergenität der HA-Nahrung eine Schutzwirkung im Sinne der Toleranzentwicklung aus. Letztendlich hängt die allergiepräventive Wirkung laut Studie auch nicht ausschließlich von der Proteinstruktur des Hydrolysates ab, sondern von anderen Herstellungsfaktoren.

Da sich das Angebot an Säuglingsmilchnahrungen auf dem Markt stetig ändert, ist es unbedingt empfehlenswert, die Verwendung spezieller Milchnahrung vorher mit einem Kinderarzt oder einer Hebamme abzuklären.

Klären Sie bei einem Allergierisiko den Einsatz von Säuglingsmilchnahrung unbedingt vorher mit Ihrer Hebamme/Ihrem Kinderarzt ab.

Hat Ihr Baby das Alter von 4 Monaten erreicht, sind Darmbarriere und Immunsystem, die Verdauungs- und Ausscheidungsorgane so weit ausgereift, dass nun nach und nach in kleinen Schritten erste neue Lebensmittel gegeben werden dürfen. Ob Ihr Kind wirklich schon so früh bereit für neue Kost ist, sollte es allerdings selbst entscheiden. Meist erkennen es die Eltern daran, dass die Kleinen großes Interesse am Essen der Familie zeigen. Oder ein gesteigertes Hungergefühl macht einen Wachstumsschub und den Bedarf nach zusätzlicher Nahrung deutlich. Ganz gleich ob Ihr Baby bisher voll gestillt oder mit Säuglingsmilchnahrung gefüttert wurde, irgendwann signalisiert es Ihnen, dass es nun bereit ist für weitere Kost.

Beikost frühestens ab dem 5. und spätestens ab dem 7. Lebensmonat einführen.

Als optimales Zeitfenster hierfür wird übereinstimmend in allen wissenschaftlichen Veröffentlichungen **frühestens ab dem 5. und spätestens Anfang des 7. Lebensmonats** genannt. (Vgl. hierzu die Empfehlung des *Forschungsinstituts für Kinderernährung Dortmund* (FKE), die *„Österreichischen Beikostempfehlungen"* und die *„Empfehlungen für die Säuglingsernährung"* der Ernährungskommission der Schweizerischen Gesellschaft für Pädiatrie.)

Eine spätere Beikosteinführung jedoch, also nach dem siebten Lebensmonat, scheint keine günstigen Auswirkungen auf die Entwicklung des Säuglings zu haben. Im Gegenteil, mehrere Studien belegen, dass eine verspätete Einführung wiederum wahrscheinlich mit einem erhöhten Allergierisiko verbunden ist (vgl. GINI-Studie, KOALA-Birth Cohort Study, LISA-Studie).

Insbesondere für die behutsame Einführung glutenhaltigen Getreides während des fünften bis siebten Monats scheint dieses Zeitfenster einen prägenden und schützenden Effekt aufzuweisen, vor allem wenn noch gleichzeitig gestillt wird. Beim Erstkontakt mit Gluten spielt darüber hinaus eventuell auch die Verzehrmenge eine wichtige Rolle. So sollen in den ersten zwei Beikostwochen nicht mehr als 7 g Gluten gegeben werden, was etwa einer halben Scheibe Zwieback, einem kleinen Stück Brot oder einem Teelöffel Getreidemehl, Grieß oder Flocken entspricht. Ab der dritten Woche wird dann die Menge schrittweise in kleinen Mengen erhöht. Diese Beikostempfehlungen zur gezielten Glutenzuführung wurden jedoch durch Ergebnisse zweier Studien [*PreventCD-Studie* (Prevent Celiac Disease) und *Celiprev-Studie* (Risk of Celiac Disease and Age at Gluten Introduction)] wieder in Frage gestellt. Babys aus Familien mit Zöliakiebetroffenen sollten sich darum auf jeden Fall mit ihrem Kinderarzt oder einer Ernährungsberaterin über die aktuellen Zufuhrempfehlungen besprechen. Die Empfehlun-

gen in diesem Buch lehnen sich an die aktuelle Leitline S3 zur Allergieprävention an. Den genauen Ablauf für den Beikoststart finden Sie im Kapitel „Beikosteinführung" ab Seite 53 beschrieben.
Bei allergiegefährdeten Kindern sollten neue Lebensmittel erst in kleinen Mengen, langsam und in größeren Abständen eingeführt werden, sodass sich etwaige allergische Reaktionen schnell entdecken und auf ihren Verursacher zurückführen lassen.

Neben der Ernährung spielen aber auch noch andere Faktoren eine wichtige Rolle bei der Allergieentstehung. Daher ist es wichtig, auf ein paar Dinge im Umfeld zu achten:

Sorgen Sie für ein gesundes, schadstofffreies Wohnklima.
Vermeiden Sie erhöhte Belastungen durch Luftschadstoffe und Schimmelpilze. Gerade das frisch renovierte, neu möblierte Kinderzimmer birgt eine Menge Innenraumluftschadstoffe, genauso wie quietschbuntes Plastikspielzeug und die konventionell produzierten kunterbunten Babyklamotten. Zertifizierte Bioqualität oder Secondhandwaren sind auf jeden Fall die bessere Wahl!

Meiden Sie unbedingt Zigarettenrauch in der Umgebung Ihres Kindes!
Kaum ein Schadstoff ist gefährlicher, aber gleichzeitig besser zu eliminieren als Zigarettenrauch. Und egal, ob es das Inhalieren an der Zigarette oder das passive Einatmen des blauen Dunstes ist, die Folgen sind gleichermaßen verheerend. Neben einer Vielzahl an krebserregenden Substanzen sorgt Zigarettenrauch für eine enorme Belastung der Atemwege und ein deutlich erhöhtes Allergierisiko. Und das selbst über den Dunst, der beim Rauchen in den (elterlichen) Kleidungsstücken hängen bleibt (sogenanntes *secondhandsmoking).*

Unterstützen Sie das Training des kindlichen Immunsystems!
Betreiben Sie keine übertriebene Hygiene. Studien, die sich mit Allergieentstehung im Zusammenhang mit antroposophischer und naturnaher Lebensweise befasst haben, kommen zu dem Ergebnis, dass eine adäquate Auseinandersetzung mit unserer Umwelt und das Durchleben von banalen Kinderkrankheiten, ohne vorschnelle Gabe von Fiebersenkern und Antibiotika, das Immunsystem der Kinder auf Trab bringen und eine Toleranzentwicklung mit niedrigerem Allergierisiko ermöglichen. Auch eine vorwiegend biologische Ernährung spielt hier eine mögliche Rolle.

Sonderfall Neurodermitis

Häufigste Auslöser der Neurodermitis sind Kuhmilch, Hühnerei und Soja.

Das Krankheitsbild der Neurodermitis wird, besonders im Säuglingsalter, sehr oft mit Nahrungsmittelunverträglichkeiten in Verbindung gebracht. Gerade im Baby- und Kleinkindalter besteht auch relativ häufig ein Zusammenhang. In etwa 30–40% der Fälle leiden die Kleinen an einer nahrungsmittelbedingten Unverträglichkeit, die zum Ausbruch bzw. zur Verschlimmerung von Hautsymptomen führen kann. Meist spielen andere Faktoren ebenso eine Rolle. Die häufigsten bekannten Auslöser sind: Kuhmilch, Hühnerei und Soja. Da das Erscheinungsbild meist schon in den ersten Lebensmonaten auftritt, sind besonders mit Beginn der Beikostzeit viele Eltern verunsichert und haben Sorge, dass sich mit der Aufnahme neuer Lebensmittel das Hautbild weiter verschlechtert. In den meisten Fällen jedoch ist eine ganz normale Ernährung ohne Beschwerden möglich. Lediglich vereinzelte Nahrungsmittel sollten mit Achtsamkeit ausgetestet und bei Verschlimmerung der Hautsymptome vorübergehend gemieden werden. Im Laufe der Zeit findet in der Regel eine Gewöhnung und Toleranz statt. Auch das Krankheitsbild selbst bessert sich bei einem Großteil der betroffenen Kinder innerhalb der ersten 3–4 Lebensjahre. **Eine vorbeugende Allergiediät ist keinesfalls empfehlenswert,** da der Verzicht auf bestimmte Lebensmittel rasch zu einem Mangel an notwendigen Nährstoffen führen kann, besonders in den wichtigen Wachstums- und Entwicklungsphasen der ersten Lebensjahre.

Um Neurodermitis zu verstehen, ist es zuerst notwendig, sich mit der Definition und Entstehung dieser Krankheit zu beschäftigen. Schon die gleichbedeutenden Bezeichnungen **atopische Dermatitis** und **endogenes Ekzem** weisen auf eine Beteiligung mehrerer Faktoren hin. Als Atopie wird allgemein die genetisch vererbte Veranlagung zur Ausbildung einer allergischen Erkrankung bezeichnet. Dazu gehören Heuschnupfen, Asthma oder Neurodermitis. Letzteres manifestiert sich häufig bereits im Säuglingsalter, später zeigt sich das Auftreten der Symptome dann häufig im Bereich der Atemwege.

Im Babyalter zeigt sich Neurodermitis vor allem durch Ekzeme und Entzündungen im Gesichtsbereich, dem Rumpf, den Extremitäten (Arme und Beine), den Handgelenken und dem Kopf (nicht zu verwechseln mit dem harmlosen Kopfgneis!). Bei älteren Kindern und Erwachsenen hingegen treten die Hautveränderungen typischerweise in den Gelenkbeugen, den Handrücken und im Gesicht-Nacken-Bereich auf.

Neben einer Neigung zur Allergiebereitschaft spielen im Fall der Neurodermitis jedoch andere Triggerfaktoren eine sehr große Rolle.
In der Regel verläuft die Erkrankung in Schüben. Neben Phasen, in denen es zu einer Beruhigung bis zur vollständigen Ausheilung der Hautentzündungen kommt, treten abhängig von inneren und äußeren Faktoren Phasen mit extremem Juckreiz, Trockenheit, Ekzembildung bis hin zu nässenden Entzündungsreaktionen auf.

Als innere (endogene) Faktoren kommen dabei infrage:

★ **Aufregung oder Stress**

Gerade sehr kleine Babys sind extrem reizanfällig und können dies leider außer durch Unruhigsein und Schreien kaum mitteilen. Häufig kommt solch eine Überreizung dann über die Haut zum Ausdruck. Vermeiden Sie Stress und Hektik, nehmen Sie sich möglichst wenige Termine vor und legen Sie bewusst genügend Pausen ein, auch für Sie selbst. Denn auch gestresste Eltern übertragen dies auf ihre Kleinen. Verzichten Sie im ersten Lebensjahr auf zu viele Besuche und unnötige Ausflüge. Das Abenteuer „Leben" genügt Ihrem Baby vollauf.
Sollten Unverträglichkeiten bereits bekannt sein, versuchen Sie, diese nicht zu stark zu thematisieren und zu überbewerten. Vor allem das Essen sollte immer mit positiver Einstellung und schönen Emotionen verbunden werden. Vielleicht helfen Ihnen im Alltag auch kleine Achtsamkeitsübungen, Meditationen oder autogenes Training. Oder Sie erinnern sich wieder an die Atemübungen aus der Geburtsvorbereitung und schenken sich durch ein paar bewusste Ein-und-Ausatemzüge kleine Pausen im turbulenten Familienleben.

★ **Infekte**

Banale Infekte sind im Babyalter keine Seltenheit, das Immunsystem muss sich ja erst einmal mit einer Vielzahl neuer Erreger auseinandersetzen. Besonders die immer wieder laufende Schnupfennase begleitet die Babys über viele Monate hinweg. Eine gute Unterstützung sind naturheilkundliche Mittel, die auf sanftem Weg Symptome lindern und die Selbstheilungskräfte stärken können. Auch Kneipp'sche Anwendungen, milde Wickel und Auflagen helfen dem zarten Organismus, sich den Krankheitserregern zu stellen. Außerdem kann so die körpereigene Abwehr sanft trainiert werden. Ein stets sehr empfehlenswerter Weg ist die Homöopathie, insbesondere wenn eine Neigung zu häufigen oder chronischen Infekten besteht. Ihre Hebamme oder Ihr Kinderarzt geben Ihnen in diesem Fall mit Sicherheit guten Rat.

ZWIEBELSÄCKCHEN können bei Stockschnupfen, Lymphstauungen, Ohrenschmerzen oder zäh sitzendem Schleim oftmals wahre Wunder bewirken. Nehmen Sie dazu eine halbe Zwiebel, die Sie entweder in Scheiben schneiden oder fein hacken. Geben Sie diese dann auf einen umgedrehten Topfdeckel über heißem Wasserdampf (am besten den dazugehörigen Topf mit heißem Wasser befüllen) und drücken Sie ruhig mit einem Messerrücken oder Esslöffel noch etwas Presssaft heraus. Die gedämpften Zwiebeln kommen dann in eine Mullkompresse oder einen fertigen Baumwollwickel und werden je nach Anwendungsart über dem Bettchen aufgehängt oder als Auflage z. B. auf dem Ohr oder den Fußsohlen verwendet.

★ Zahnen

Das Durchtreten der ersten Milchzähne erfolgt meist zwischen dem sechsten und achten Lebensmonat, in manchen Fällen aber auch schon davor oder deutlich später. Bis zum Ende des zweiten Lebensjahres kommen dann in unregelmäßigen Abständen alle zwanzig Milchzähnchen zum Vorschein. Erkennbar wird es für die Eltern vor allem durch extremen Speichelfluss und ein gesteigertes Beißbedürfnis des Babys, häufige kurze Schreiattacken, unruhige Nächte und eine allgemeine Gereiztheit des Kindes. Oft ist auch das Lymphsystem, vor allem im Nasen- und Kieferbereich, mit einbezogen, sodass es zu Stockschnupfen und gelegentlich auch zu Ohrenschmerzen kommt. Auch eine plötzlich eintretende Essensunlust beim Beikostbaby kann auf das Einschießen neuer Zähnchen zurückzuführen sein. Hilfreich unterstützen können Sie Ihr Kleines durch sanfte Massage des gereizten Zahnfleisches, lymphflussunterstützende Einreibungen (z. B. mit Engelwurzbalsam), abschwellende Auflagen (z. B. Zwiebelsäckchen) und homöopathische Mittel.

★ IgE-vermittelte Allergie auf Hausstaubmilben, Tierhaare

Eine Hausstaubmilben- oder Tierhaarallergie kann den Verlauf einer Neurodermitis negativ beeinflussen. Bevor Sie sich jedoch voreilig von Ihrem geliebten Fellträger verabschieden, muss solch eine Reaktion erst einmal beim Kinderarzt mittels Allergietest bestätigt werden. Die Belastung mit Hausstaubmilben bzw. deren allergieauslösendem Kot können Sie in gewissem Maße selbst beeinflussen. Da die Tierchen sich vor allem im warmen, feuchten Klima wohlfühlen, sind vor allem Babybettchen, Fell und Kuscheltiere optimal für ein gutes Milbengedeihen. Durch regelmäßiges Auslüften und Waschen können Sie hier schon gute Vorbeugemaßnahmen treffen. Sorgen Sie außerdem für möglichst wenig Staub in Ihrer Wohnung, vermeiden Sie allzu viel Deko, Vorhänge und offene Regale im Kinderzimmer. Regelmäßiges feuchtes Wischen und Staubsaugen mit einem guten Partikelfilter oder Wasserstaubsauger sind ebenfalls sinnvoll. Doch auch hier gilt – kein Stress! Letztendlich sind Hausstaubmilben Teil unserer natürlichen Lebensumgebung, müssen in gewissem Maße auch toleriert werden und sind nicht alleiniger Auslöser einer Neurodermitis, sondern wenn überhaupt ein Faktor von mehreren.

★ Störungen im Hautaufbau, unter anderem bedingt durch einen Mangel an Gamma-Linolensäure

Bei vielen Neurodermitis-Erkrankten kommt es durch einen Enzymdefekt im Fettsäurestoffwechsel zu einem Mangel an der wichtigen Gamma-Linolensäure (GLA). Dadurch bedingt fehlt diese Fettsäure auch im Hautaufbau und es kommt zu einer fehlerhaften Ausbildung der Hautbarriere. Hinzu kommt meist noch eine verminderte Talg- und Schweißdrüsenfunktion, sodass wichtige Substanzen für den schützenden Hydrolipidfilm fehlen. Das bewirkt, dass die Haut extrem trocken, rissig, reizanfällig und letztendlich entzündlich wird. Durch die Lücken in der Barriereschicht kann ungehindert Feuchtigkeit verdunsten und die Haut wird immer trockener. Wichtigste Hilfe ist deshalb eine gute Basispflege, die der Haut neben Feuchtigkeit auch ausreichend Fettsäuren spendet. Vor allem Nachtkerzen-, Hanf- und Borretschsamenöl haben sich bewährt, da diese reich an Gamma-Linolensäure sind und auf diese Weise die Haut von außen nähren und pflegen.

In der Beikostzeit können Sie einen Teelöffel Nachtkerzenöl pro Tag zusätzlich in den Brei einrühren. Auch spezielle Beikostöle mit einer Kombination aus Raps-, Sonnenblumen- und Hanfsamenöl (zum Beispiel von Holle) tragen zu einer Versorgung bei. Interessant ist auch, dass Muttermilch eine der wenigen natürlichen Quellen für GLA ist und somit von Geburt an den gesunden Hautaufbau des Säuglings unterstützt. Wenn Sie ausreichend Milch zur Verfügung haben, sind Umschläge oder Bäder mit frisch abgepumpter Muttermilch eine ganz besondere Wohltat für die Haut Ihres Babys. Übrigens – auch Ihnen als stillende Mutter tut ein Teelöffel gamma-linolensäurereiches Öl am Tag gut, und wenn Sie gut versorgt sind, wird der Fettsäuregehalt Ihrer Milch zudem günstig beeinflusst.

★ Störung der physiologischen Hautflora und Fehlbesiedelung der Haut mit pathogenen Keimen

Aufgrund einer krankhaft verminderten Freisetzung antibakterieller Substanzen und einem gestörten Barriereaufbau ist die an Neurodermitis erkrankte Haut sehr anfällig für bakterielle Infektionen. Insbesondere Bakterien vom Erregertyp *Staphylococcus aureus* kommen häufig auf neurodermitischer Haut vor. Neben gerbstoffhaltigen Kräuteraufgüssen für Waschungen und Auflagen haben sich ganz besonders ätherische Öle mit ihrem breiten antimikrobiellen Wirkspektrum und ihren hervorragenden entzündungshemmenden, juckreizlindernden und hautpflegenden Eigenschaften bewährt. Diese können in Form von Meersalzbädern, Waschungen, feuchten Auflagen oder Körperölen und Emulsionen angewendet werden. Johanniskrautöl als Trägerstoff trägt dabei mit seinem antibiotisch wirksamen Inhaltsstoff Hyperforin zu einer Verminderung der Staphylokokkenbesiedelung bei.

★ Störung der physiologischen Darmflora mit erhöhter Durchlässigkeit des Dünndarms

Wie schon mehrfach erwähnt, spielt ein gesunder Darm eine ganz besonders wichtige Rolle bei allen Unverträglichkeitsreaktionen. Insbesondere bei Hautreaktionen besteht häufig ein Zusammenhang, der dann an der äußersten (Haut)schicht zum Vorschein kommt. Neben einer möglichst langen Stilldauer profitiert die Darmschleimhaut vor allem in den ersten Beikostmonaten von einem geringen Säuregehalt der Nahrungsmittel und ausreichend Ballaststoffen (vor allem Pektinen). Auch der tägliche Verzehr von Mandelmilch oder Mandelmus kann sich reizlindernd auswirken. Bewährt hat sich außerdem, ab der Beikostzeit täglich 2–3 Tropfen schleimhautregenerierendes Sanddornfruchtfleischöl in den Brei zu geben. Auch äußerlich aufgetragen regeneriert das intensiv orangerote Öl die angegriffene und empfindliche Haut. Geben Sie dafür einfach bei jedem Eincremen oder Einölen einen Tropfen Sanddornfruchtfleischöl zu. Da das Öl stark färbt, kann es sein, dass die Hautpflege auch auf Textilien abfärbt. Rechnen Sie also damit, dass die weißen Bodys Ihres Babys auch eine leicht orangene Färbung bekommen. Haben Sie den Verdacht auf eine chronische Störung der Darmflora oder ist Ihr Baby per Kaiserschnitt zur Welt gekommen, kann es hilfreich sein, beim Kinderarzt den Stuhl untersuchen zu lassen und so einen Überblick über die Besiedelung mit physiologischen Bakterien zu bekommen. Nach Bedarf stehen dann spezielle Präparate zum Darmaufbau zur Verfügung.

★ IgE-vermittelte Allergie auf Nahrungsmittel, im Säuglingsalter vor allem Kuhmilch, Hühnerei, Nüsse (vor allem Haselnuss), Fisch

Treten insbesondere im Laufe der Beikostzeit Hautreaktionen oder Verschlimmerungen auf, die sich auch nach einigen Wochen nicht bessern, kann ein Allergietest Hinweis auf eine mögliche Sensibilisierung geben. Auf keinen Fall sollten Sie jedoch selbstständig Lebensmittel weglassen oder vorbeugend darauf verzichten, wenn eine Reaktion nicht sicher diagnostiziert ist. Mehr zur Allergieprophylaxe und zu den verschiedenen Nahrungsmittelallergien finden Sie in den Kapiteln „Allergieprophylaxe im Säuglingsalter" und „Nahrungsmittelallergien".

★ **T-Zell-vermittelte Allergie auf Nahrungsmittel, vor allem Weizen, Soja**

Die T-Zell-vermittelten Spätreaktionen treten meist innerhalb von 6–24 Stunden nach dem Verzehr auf und führen dann zu einer deutlichen Hautbildverschlechterung. Im Beikostalter spielt vor allem Weizen eine Rolle, da er zu den ersten Getreidearten zählt, die das Baby bekommt. Bemerken Sie innerhalb von 3 Tagen nach der Einführung von Weizen oder bei wiederholtem Verzehr eine deutliche Verschlechterung, so sollten Sie diesen Verdacht mit Ihrem Kinderarzt besprechen. Soja spielt im Babyalter eine untergeordnete Rolle, da aufgrund der enthaltenen Phytoöstrogene generell vom Verzehr abgeraten wird. In manchen Fällen kann jedoch Sojaöl als Hilfs- oder Trägerstoff in Medikamenten oder Kosmetika zu einer Reaktion führen. Möglicher Auslöser kann auch eine Umstellung auf sojahaltige Säuglingsmilchnahrung sein, wobei auch von dieser aufgrund der möglichen hormonellen Wirkung abgeraten wird.

★ **Nicht-allergische Nahrungsmittelunverträglichkeiten auf Nahrungsmittel und Nahrungsmittelzusatzstoffe**

Eine Vielzahl von Nahrungsmittelinhaltsstoffen oder Zusatzstoffen kann zu Reaktionen und einer Verschlimmerung der Hautsymptome führen. Mögliche Verursacher sind leichter einzugrenzen, wenn Sie die infrage kommenden Lebensmittel der Beikost im 3-tägigen Abstand zugeben, auf jeden Fall immer einzeln. Fertigprodukte sollten Sie soweit als möglich meiden. Auch bei Zitrusfrüchten ist bei vielen Neurodermitikern eine Verschlechterung zu beobachten.

Zu den äußeren (exogenen) Faktoren zählen:

★ **Klimafaktoren, zum Beispiel Hitze/Kälte, Trockenheit, trockene Heizungsluft**

Besonders in der Übergangszeit Herbst/Winter und in den darauf folgenden kalten Monaten bemerken viele Neurodermitiker eine deutliche Verschlechterung des Hautbildes. Verantwortlich sind neben der austrocknenden Kälte vor allem die feuchtigkeitsarme Innenraumluft, bedingt durch das Heizen. Achten Sie bei Ihrem Baby auf eine gute Kälteschutzsalbe für draußen, die in der Wohnung mit einem

weichen Tuch wieder sanft entfernt wird. Die Basispflege sollte vor allem feuchtigkeitsspendend und rückfettend sein, ohne dabei im warmen Zimmer zu einem Hitzestau auf der Haut zu führen.

Raumluftbefeuchtung und ausreichendes Lüften sorgen für ein besseres Raumklima.

Auch eine zusätzliche Raumluftbefeuchtung und ausreichendes Lüften tragen zu einem besseren Raumklima bei. Manche Klimaeinflüsse können sich auch begünstigend auf das Hautbild auswirken. So kann ein Urlaub im Gebirge oder am Meer zu einer verbesserten Abheilung und einer deutlichen Beschwerdeverringerung führen. Auch ein vernünftiger Kontakt mit Sonnenlicht trägt, neben der wichtigen Vitamin-D-Produktion, zu einer Verminderung der Hautentzündung bei. Dabei sollte die zarte Babyhaut moderat in Kontakt mit den heilsamen UV-Strahlen kommen, ohne dabei allzu sehr unter einer zu dick aufgetragenen und austrocknenden Sonnencreme versteckt zu sein. Nutzen Sie die milde Vormittags- und Spätnachmittagssonne und lassen Sie Ihr Baby in den Genuss dieser natürlichen Hauttherapie kommen. Ebenso wie Kälte, kann auch Hitze den Entzündungsprozess und vor allem den Hautjuckreiz verschlimmern. Achten Sie darauf, dass Ihr Baby im Bett und Kinderwagen warm, aber nicht überhitzend eingepackt ist, und bevorzugen Sie wärmeregulierende Naturfasern für Kleidung und Bettwäsche. Besonders Textilien aus Seide wirken beruhigend und kühlend auf gereizter und juckender Haut. Da die Farbe Blau insgesamt entspannend und kühlend wirkt, kann es in akuten Juckreizphasen hilfreich sein, die Haut mit pflanzengefärbten blauen Seidentüchern abzudecken.

★ Tabakrauch

Wie schon im Kapitel „Allergieprophylaxe im Säuglingsalter" beschrieben, ist Tabakrauch ein ernst zu nehmender Schadstoff und sollte in Babys Nähe unbedingt vermieden werden!

★ Falsche Hautpflege, zum Beispiel zu häufiges Baden, Entfetten der Haut durch Seifen und Reinigungsmittel, Verwendung irritierender und barriereschädigender Körperpflegemittel (Parfümstoffe, Konservierungsmittel, Paraffine, Silikonöle)

Gerade im Bereich der Hautpflege können Sie enormen Einfluss auf den Verlauf und die Schwere der Neurodermitis Ihres Kindes nehmen. Unumgänglich ist dabei eine gut verträgliche und hautschützende Basispflege, um die Haut in Ruhephasen möglichst lange beschwerdefrei zu halten und die Barrierefunktion zu unterstützen. In akuten Phasen mit Entzündung, Juckreiz, möglicherweise sogar Nässen und Wundsein der Haut, muss dann individuell für Heilung und Regeneration gesorgt werden. Im Akutfall helfen besonders feuchte Umschläge mit Schwarztee, Gänseblümchen oder Stiefmütterchenkraut. Getrocknet erhalten Sie diese sogar ganzjährig in der Apotheke. Verständlicherweise muss alles gemieden werden, was die Haut zusätzlich irritiert und reizt. Insbesondere das Ausprobieren und der häufige Wechsel unterschiedlicher Pflegeprodukte ist Stress pur für die Haut. Synthetische Inhaltsstoffe wie Konservierungsmittel, Weichmacher oder Duftstoffe sind auf Babys Haut überflüssig und müssen unbedingt gemieden werden. Paraffin- oder silikonölhaltige Produkte beeinträchtigen bei längerer Anwendung den natürlichen Hautstoffwechsel und stören die wichtige Barriereschicht. Aber auch pflanzliche Inhaltsstoffe und Naturkosmetik können irritierende oder sensibilisierende Eigenschaften haben. Zubereitungen mit Korbblütlern wie Arnika, Kamille und Schafgarbe oder die in der Babypflege verbreitete Ringelblume führen manchmal zu Reaktionen. Sollten Sie bei der Anwendung von Naturkosmetikprodukten eine anhaltende Hautverschlechterung beobachten, so sind natürlich auch diese zu meiden.

Häufiges Baden ist bei Babys überflüssig.

Häufiges Baden ist bei Babys überflüssig. Selten sind die Kleinen wirklich dreckig und auch die Schweiß- und Talgdrüsenfunktion ist noch so eingeschränkt, dass kein unangenehmer Körpergeruch entstehen kann. Genießt Ihr Baby das Baden, achten Sie darauf, dass die Wassertemperatur maximal 37–38° C beträgt, und beschränken Sie die Badedauer auf 10–15 Minuten.

Verzichten Sie auf seifenhaltige oder entfettende Badezusätze oder Shampoos. Ideal sind sparsam verwendetes Totes-Meer-Salz, Kleie oder ein Schnapsglas voll Muttermilch. Nach dem Baden sollten Sie Ihr Kleines vorsichtig trocken tupfen und die feuchte Haut mit einem guten Babyöl auf Pflanzenölbasis, z. B. Aprikosenkern-, Mandel- oder Nachtkerzenöl, einölen. Aufgrund des Chlorgehaltes ist es ratsam, öffentliche Schwimmbäder zu meiden bzw. das Chlorwasser in jedem Fall gründlich abzuduschen und die Haut danach besonders gut zu pflegen.

★ Textilien

Textilien bedecken nahezu 24 Stunden am Tag unseren Körper und sorgen als „zweite Haut" dafür, uns wohlig einzuhüllen. Besonders bei kleinen Säuglingen ist diese Hülle immens wichtig, sie unterstützt das Aufrechterhalten der Körpertemperatur und sorgt für Schutz und Geborgenheit. Leider ist es jedoch auch eine Tatsache, dass unsere Kleidung in zunehmendem Maße belastet, zum Teil sogar mit Schadstoffen versetzt ist. Diese Gifte können über den Hautkontakt direkt zu Ihrem Baby gelangen. Mehrere hundert Chemikalien werden in der Textilindustrie eingesetzt und immer wieder werden auch in Säuglingskleidung gesundheitsschädliche Schadstoffmengen festgestellt. Gesunde Alternativen sind ökologisch produzierte Naturtextilien aus Baumwolle, Wolle, Seide oder Hanf. Achten Sie beim Einkauf unbedingt auf **zertifizierte Produkte** mit *GOTS-, Naturland-, IVN- und IVN-Best*-Siegel.

Nur so sind Sie sicher, dass sowohl die Faser aus biologischer Erzeugung als auch die Färbemittel unbedenklich und die Kleidungsstücke frei von Schadstoffen sind. Bioklamotten vom Discounter enthalten häufig nur einen prozentualen Anteil Biofaser, die chemische Ausrüstung und Färbung bleiben gleich und der Chemikaliengehalt vergleichbar mit konventionellen Produkten.

Wichtig bei der Auswahl der Kleidung ist auch das individuelle Wärmebedürfnis. Im Winter und an kühlen Tagen sorgen Wolle oder Wolle-Seide für wohlige Wärme, an warmen Tagen kann jedoch

Wollfaser auch zu Juckreiz führen. Dann sind Baumwolle, Hanf oder kühlende und reizlindernde Seide als Body, Overall und Mützchen die optimale Wahl.

Jahreszeitlich angepasster Zwiebellook bewährt sich besonders im Säuglingsalter.

Besonders im Säuglingsalter hat sich der jahreszeitlich angepasste Zwiebellook bewährt: Direkt auf der Haut wirkt Seide kühlend und beruhigend, darüber kann je nach Wärmebedürfnis eine weitere Schicht aus Baumwolle, Hanf, Seide-Wolle oder Wolle getragen werden. Gegen Aufkratzen helfen dünne Fäustlinge aus Seide oder Baumwolle. Mützchen können im Sommer aus Seide, Baumwolle oder Mischungen, im Winter mit einem wärmenden Schurwollanteil gewählt werden.

PRAKTISCHE HILFE UND PFLEGETIPPS

Da der Verlauf und die benötigte Pflege bei einer Neurodermitis sehr individuell und unterschiedlich sind, hier zusammenfassend noch ein paar Tipps:

- Lassen Sie sich durch die Diagnose Neurodermitis nicht einschüchtern. In vielen Fällen stabilisiert und bessert sich das Hautbild mit zunehmendem Alter.
- Gehen Sie guter Dinge in die Beikostzeit. Bedenken Sie, dass Nahrungsmittel nur in weniger als der Hälfte der Fälle und auch nur vereinzelt Auslöser oder mit am Geschehen der Neurodermitis beteiligt sind.
- Sorgen Sie für eine schadstoffarme Umgebung Ihres Babys. Bevorzugen Sie natürliche und unbehandelte Materialien und wählen Sie insbesondere Produkte, mit denen Ihr Kind häufig in Kontakt kommt, mit Bedacht aus. Wie etwa bei der Wahl des Kinderwagens, der Babyschale, Krabbeldecke und der Spielsachen. Meist ist weniger mehr und die Kleinen finden an einem wohlgeformten Stück Holz genauso viel Spaß wie an knallig bunten Plastiksachen. Meiden Sie Geschirr und Verpackungen aus Plastik und Aluminium.
- Beschränken Sie die Verwendung von Putzmitteln im Haushalt auf das Notwendigste und verzichten Sie auf aggressive und parfümhaltige Produkte.
- Reduzieren Sie Tierhaare und Hausstaubmilben in Ihrer Wohnung, vermeiden Sie jedoch übertriebene Hygienemaßnahmen. Ein selbstverständlicher Kontakt mit der Umwelt ist ein gesundes Training für das Immunsystem des Babys.
- Hüllen Sie Ihr Kind in atmungsaktive und schadstoffarme Textilien. Sicherheit und Orientierungshilfe geben die Naturtextil-Siegel GOTS, Naturland und IVN, IVN-Best.
- Waschmittel sollten duftstoffrei und gut verträglich sein. Verzichten Sie auf Weichspüler. Als Alternative können Sie einen Esslöffel Essig in den letzten Spülgang geben.
- Pflegen und nähren Sie die Haut Ihres Baby von innen mit hochwertigen nativen Pflanzenölen und von außen durch eine individuell angepasste Pflege.
- Unterstützen Sie das Immunsystem Ihres Babys durch ausreichend frische Luft, einen vernünftigen Umgang mit Sonnenlicht und einen entspannten Umgang mit banalen Infekten. Wickel, Waschungen und Kneipp-Anwendungen sind hilfreiche unterstützende Maßnahmen, um die körpereigenen Abwehrkräfte zu trainieren.

Nahrungsmittelallergien

Echte allergische Nahrungsmittelunverträglichkeiten sind im Säuglingsalter glücklicherweise selten. Nur etwa 4% aller Babys reagieren entsprechend auf bestimmte Nahrungseiweiße. Im Beikostalter betrifft dies vor allem Eiweißverbindungen aus Kuhmilch und Hühnerei, gelegentlich auch Fisch, Soja, Weizen, Nüsse, Gluten und in sehr seltenen Fällen Obst- und Gemüsesorten. Bei einer entsprechenden Veranlagung stuft das Abwehrsystem bestimmte Nahrungsbestandteile beim ersten Kontakt als fremd und gefährlich ein und setzt einen Abwehrprozess in Gang. Es bildet Antikörper gegen diesen Fremdstoff, man spricht von einer Sensibilisierung. Diese kann in äußerst wenigen Fällen schon im Mutterleib, also pränatal oder über die Muttermilch erfolgen, meist jedoch beim ersten Verzehr des entsprechenden Allergens, also über die Säuglingsflasche (Kuhmilch, Soja) oder die erste Beikost. Eine wichtige Rolle spielen bei diesem Prozess die Reife des Verdauungssystems sowie der Zeitpunkt der ersten Allergenexposition. Auch äußere Umweltfaktoren können die Entstehung sowie die Vermeidung einer Sensibilisierung beeinflussen. Hat einmal eine allergische Antikörperbildung auf ein Fremdeiweiß stattgefunden, so erkennt das Immunsystem dieses bei jedem weiteren Kontakt sofort wieder und es kommt unabhängig von der Menge, also auch schon bei geringen Spuren, innerhalb von wenigen Sekunden bis Stunden zu einer oft massiven allergischen Reaktion.
Dabei spielt in über 85% aller Fälle der Botenstoff Histamin eine entscheidende Rolle. Wird dieser vom Körper infolge der Reaktion auf ein als unverträglich eingestuftes Eiweiß ausgeschüttet, kann dies zu den klassischen Symptomen führen wie etwa: Hautrötung, Juckreiz, Nesselsucht und Ekzemen, Kratzen und Jucken im Mund- und Rachenraum, Übelkeit und Erbrechen, Bauchschmerzen, Blähungen, Durchfall oder Verstopfung, juckender Nase, Fließschnupfen, Niesanfällen, Atemnot, Husten und Bronchialasthma bis hin zu lebensbedrohlichem anaphylaktischem Schock.

Allergische Symptome können innerhalb weniger Minuten oder bis zu 48 Stunden nach Verzehr auftreten und äußern sich sehr vielschichtig.

Diese Symptome können innerhalb weniger Minuten nach dem Kontakt mit dem entsprechenden Lebensmittel auftreten, jedoch auch erst nach 24 bis 48 Stunden.

Die Suche und Diagnose einer echten Lebensmittelallergie ist deshalb häufig schwierig und langwierig. Bei Babys wird in der Regel zuerst durch einen **Bluttest** nach spezifischen IgE-Antikörpern gegen die in Verdacht stehenden Allergene gesucht. Vorteil dieser Methode ist, dass eine Diagnose möglich ist ohne Gefahr einer Überreaktion. Darüber hinaus wird die Haut weniger belastet als durch Hauttests. Der Nachteil in der Praxis besteht darin, dass ein **positiver IgE-Nachweis für die Symptome nur eingeschränkt relevant ist und zuerst einmal nur Aufschluss über eine erfolgte Sensibilisierung gibt.** Ob sich daraus auch allergische Beschwerden ergeben, ist nicht gesagt, führt aber bei den Eltern häufig zu großer Verunsicherung und unnötigen diätetischen Maßnahmen beim Baby. Lassen Sie sich also durch ein positives Bluttestergebnis noch nicht aus der Ruhe bringen, sondern besprechen Sie mit Ihrem Kinderarzt, ob weitere Beobachtungen oder Tests nötig sind, um wirklich eine Nahrungsmittelallergie und einen entsprechenden Verzicht der Lebensmittel zu begründen.

Ihre Beobachtungen und Aufzeichnungen sind zur Diagnose einer Allergie sehr wichtig – alles andere gehört in die Hände eines Arztes!

Als ergänzende diagnostische Möglichkeit gibt es **Hauttests** (Prick-Test, Reibtest, Patch-Test), die bei einer vorhandenen Sensibilisierung eine Reaktion provozieren. Auch diese Ergebnisse sollten nicht ausschließlich als Nachweis einer Allergie herangezogen werden. Außerdem sind sie sehr störanfällig und gerade bei Babys mit schon gereizter Haut und Neurodermitis sehr belastend.

Wenn die Allergietests beim Arzt ohne Befund sind, muss mit anderen, nicht-allergischen Unverträglichkeiten gerechnet werden. Dann beginnt oft eine detektivisch genaue Suche nach den Auslösern der Symptome, was nur mithilfe einer genauen Nahrungsmitteldokumentation und oftmals mehrwöchigem Verzicht auf verdächtige Auslöser bzw. entsprechenden Provokationsgaben der entsprechenden Nahrungsmittel möglich ist.

Ist zweifelsfrei eine nahrungsmittelbedingte Allergie festgestellt worden, dann ist es wichtig, dass Sie zusammen mit Ihrem Kinderarzt und/oder einer Ernährungsberatung das weitere Vorgehen und die optimale Ernährung für Ihr Baby genau besprechen. Zu Ihrer Beruhigung: Viele Allergien verlieren sich im Laufe des Kindesalters auch, sodass die entsprechenden Lebensmittel später meist ohne Probleme wieder verzehrt werden können.

Viele Allergene werden beim Kochen unschädlich gemacht.

Bei manchen Nahrungsmitteln kann es auch sein, dass die allergieauslösenden Eiweiße durch Hitzeeinwirkung, wie es beim Kochen der Fall ist, zerstört und dadurch wieder verträglich werden. Vor allem bei den meisten Obst- und Gemüseallergenen ist dies der Fall, diese können dann in gekochter Form problemlos verzehrt werden.

Kuhmilch

Die Kuhmilcheiweißallergie ist die häufigste Form der Nahrungsmittelallergie im Babyalter. Sie äußert sich in über der Hälfte der Fälle durch sensible Hautreaktionen. Daneben spielen Beschwerden wie Durchfall, Spucken und Erbrechen, Koliken und Verstopfung eine Rolle. In ganz seltenen Fällen kann es zu Atemwegsbeschwerden bis hin zu einem anaphylaktischen Schock kommen. Als Allergieauslöser kommen alle kuhmilcheiweißhaltigen Produkte infrage, neben der im Flaschenpulver oder Milch-Getreide-Brei enthaltenen Milch also auch Butter oder kleine Mengen Joghurt, Frischkäse oder Sahne. Bei gestillten Säuglingen kann sehr selten auch der Kuhmilchverzehr der Mutter zu einer Verschlimmerung der Symptome führen. In diesen Fällen muss auch die Stillende auf Milchprodukte in ihrer Nahrung verzichten und die entsprechenden Nährstoffe, vor allem Calcium und Vitamin B_2, durch andere Nahrungsmittel abdecken.

Als Allergieauslöser kommen alle kuhmilcheiweißhaltigen Produkte infrage.

Kuhmilch ist in vielen Fertiglebensmitteln enthalten, außerdem in Medikamenten oder Nahrungsergänzungsmitteln. Kreuzallergien sind sehr selten, aber möglich und betreffen dann vor allem Kalb- und Rindfleisch. Bei einer Kuhmilchallergie hilft nur der konsequente Verzicht auf alle milcheiweißhaltigen Lebensmittel. Dann verläuft sich die Allergie aber häufig innerhalb weniger Jahre wieder.

Milch von anderen Tierarten wie Ziegen oder Schafen ist meist ebenfalls nicht geeignet, da die Eiweiße denen der Kuhmilch stark ähneln. Auch durch Erhitzen wird das am meisten relevante Allergen Kasein nicht zerstört, wodurch die Milch in allen Zubereitungsformen zu allergischen Reaktionen führt. Schon wenige Mikrogramm des Allergens können dabei bis hin zum anaphylaktischen Schock führen.

Sind Sie unsicher bezüglich der Einführung oder neigt Ihr Baby schon zu Unverträglichkeitsreaktionen, kann der **Beikoststart mit Kuhmilch** schrittweise aufgebaut werden:

1. Verreiben Sie 2–3 Tropfen Kuhmilch auf dem Unterarm oder in der Ellenbeuge Ihres Babys. Beobachten Sie die Reaktionen über 24 Stunden.
2. Treten keine Hautreaktionen auf, geben Sie ein paar Tropfen Kuhmilch in den Brei und füttern Sie Ihr Baby damit. Behalten Sie diese Vorgehensweise für 3 Tage bei und beobachten Sie die Reaktionen.
3. Verträgt Ihr Baby diesen Brei, so beginnen Sie normal mit der Einführung des Halbmilchbreis (siehe Seite 92) und steigern Sie die Menge entsprechend täglich.

Selbstverständlich ist diese Vorgehensweise bei einer bereits diagnostizierten Kuhmilchallergie ausgeschlossen!

Im Babyalter sind bei nicht gestillten Kindern die **Fläschchenmahlzeiten** und ansonsten vor allem der **Milch-Getreide-Brei** betroffen. Hier müssen zur Absicherung der Nährstoffzufuhr spezielle extensiv hydrolysierte Säuglingsnahrungen (eHF) oder Aminosäuremischungen (AF) gegeben werden.

Im **Beikostverlauf** führen Sie anstelle des Milch-Getreide-Breis als zweite Breimahlzeit den milchfreien Obst-Getreide-Brei ein. Dieser darf selbstverständlich auch nicht mit Butter, sondern nur mit Pflanzenöl zubereitet werden. Als dritte Beikostmahlzeit wird dann ein „Milch"-Getreide-Brei mit eHF- oder AF-Nahrung zubereitet. Wenn Sie noch stillen, ist auch ein milder Obst-Getreide-Brei als Abendmahlzeit möglich, oder Sie ersetzen in den Milch-Getreide-Brei-Rezepten die Menge an Kuhmilch durch ungesüßte Getreidedrinks, wie Hafer-, Dinkel- oder Reisdrink. Geben Sie dann zusätzlich einen Teelöffel Pflanzenöl pro 100 Gramm Brei zu. Wenn Sie selbst ausreichend Muttermilch zur Verfügung haben, können Sie den Milch-Ge-

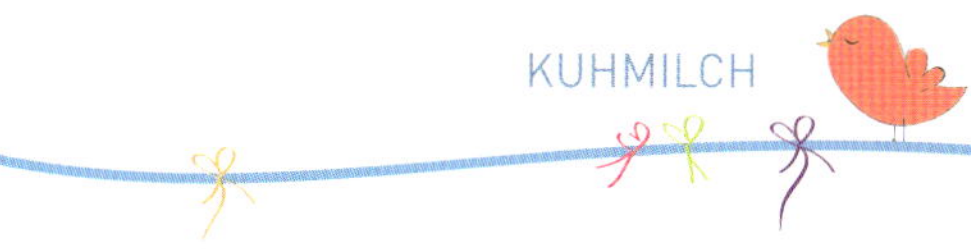

treide-Brei idealerweise auch mit frisch abgepumpter Muttermilch zubereiten, die Sie aber nicht erhitzen.
Nährstoffdefizite sind bei der Kuhmilchallergie möglich und ergeben sich vor allem bei Vitamin B_2 (Riboflavin) und Calcium.
Vitamin B_2 ist an zahlreichen Stoffwechselvorgängen beteiligt, ein Mangel ist jedoch selten. Der tägliche Bedarf im Alter von 4–12 Monaten beträgt 0,4 mg, er wird neben Muttermilch bzw. Säuglingsmilchnahrung vor allem durch tierische Nahrungsmittel und einige Gemüsesorten abgedeckt. **Vitamin-B_2-Lieferanten** für die Beikostzeit sind vor allem im erweiterten Gemüsebrei enthalten: **Brokkoli, Erbsen, Fenchel, Mangold, grüne Bohnen, Vollkorngetreide, Hühnerei, Fleisch.** Da Vitamin B_2 wasserlöslich ist, ist es wichtig, für den Brei auch immer das Garwasser mitzuverwenden.
Calcium kommt hauptsächlich in Milch und Milchprodukten vor und ist gerade im Kindesalter sehr wichtig für ein gesundes Knochenwachstum. Der Bedarf steigt ab dem fünften Lebensmonat um 50 % an und liegt bei einem 4–12 Monate alten Baby bei 330 mg pro Tag. Als **Calcium-Lieferanten** dienen allergischen Babys im Gemüsebrei **Broccoli, Fenchel, Spinat und Mangold.** Auch **Amaranth, Sesam, Mandeln und Haselnüsse** enthalten relevante Mengen an Calcium und können gepufft, gekocht, gemahlen oder als Mus die Breimahlzeiten bereichern. Achten Sie bei der Auswahl der Beikostrezepte auf calciumreiche Zutaten und besprechen Sie mit Ihrem Kinderarzt, ob eine zusätzliche Calciumgabe oder angereicherte Lebensmittel sinnvoll sind.

Sojamilch oder Säuglingsnahrungen auf Sojabasis sind aufgrund des Allergisierungsrisikos und der enthaltenen Phytoöstrogene nicht empfehlenswert.

Als Milchersatz in der Küche, vor allem zum Backen, sind Getreidedrinks geeignet. Sie ähneln im Geschmack der Kuhmilch und können so in Rezepten alternativ verwendet werden. Häufig sind sie auch mit Vitamin B_2 oder Calcium angereichert.
Zum Braten und Backen sind anstelle von Butter und Butterschmalz natives Kokos- oder Palmfett und hitzestabile Pflanzenöle geeignet. Vorsicht bei Margarine, sie kann durchaus Spuren von Milcheiweiß enthalten und ist durch ihre Fettsäurestruktur für die Kinderernährung generell eher ungeeignet.

Wo kann Kuhmilch enthalten sein?

- In allen Milcharten und Milcherzeugnissen wie Joghurt, Sahne, Quark, Pudding, Kakao und Milchgetränken
- Streich- und Bratfette, Butter, milcheiweißhaltige Margarine
- Brot und Brötchen, Gebäck, Kekse, Zwieback, Biskuit

Milch in Fertigprodukten: Hinter folgenden Begriffen können sich Milchbestandteile in Fertiglebensmitteln verbergen: Milchpulver, Milcheiweiß (-protein), Molke, Molkenpulver, Molkeneiweiß (-protein) sowiein allen Milchprodukten und -erzeugnissen.

- Schokolade, Lakritze, Karamellbonbons, Nougatcreme, Eiscreme, Kuchenglasuren
- Fischwaren in Marinaden und Soßen
- Fertiggerichte, Tiefkühlwaren, z.B. Gemüsemischungen, Rahmspinat, Dosen, Tütensuppen
- Wurstwaren, Fleischkonserven
- Kartoffelfertigprodukte
- Würzmischungen, Suppen, Ketchup, Soßen

Kuhmilchfreie Beikost

- Bevorzugen Sie im Gemüsebrei calciumreiche Sorten wie Brokkoli, Fenchel, Spinat oder Mangold. Aufgrund der resorptionshemmenden Oxalsäure spielen Spinat und Mangold jedoch eine untergeordnete Rolle.
- Ergänzen Sie den Obst-Getreide-Brei und den „Milch"-Getreide-Brei zur Calciumversorgung täglich mit 1–2 Teelöffeln Mandel-, Haselnuss- oder Sesammus.
- Verwenden Sie als Getreidekomponente häufiger gekochten Amaranth und wählen Sie grundsätzlich Vollkorngetreide für alle Breie.
- Geben Sie als Vitamin-B_2-Lieferanten regelmäßig Fleisch oder bei Verträglichkeit Eigelb in den Brei.
- Ist schon zu Beginn oder vor der Beikostzeit eine Kuhmilchallergie festgestellt worden, geben Sie Kalb- oder Rindfleisch aufgrund einer möglichen Kreuzallergie anfangs nur in kleinen Mengen zu und steigern Sie die Mengen unter Beobachtung der Reaktion schrittweise.

Hühnerei

Bei der Hühnereiallergie können verschiedene Eiweiße als Auslöser wirken. Die wichtigsten, die sogenannten Majorallergene, befinden sich im Eiklar. Vor allem die hitzebeständigen Hauptallergene *Ovomukoid* und *Ovalbumin* sind für allergische Reaktionen relevant. Weitere allergene Hühnereiweiße werden bei Hitze zerstört, sodass die Eier dann in gekochtem oder gebratenem Zustand verzehrt werden können. Ebenso gut vertragen werden dann auch Gebäck und Kuchen. Allerdings spielen diese hitzelabilen Allergene eine untergeordnete Rolle, die Mehrzahl der Reaktionen erfolgt auf hitzebeständige Eiweiße. Rohe oder nicht genügend erhitzte Eier sind für alle Eiallergiker nicht geeignet. Hühnereigelb enthält ebenso Eiweiße und kann dadurch generell gleichermaßen zu Reaktionen wie das Eiklar

führen, zumal eine hundertprozentige Trennung von Eigelb und Eiklar praktisch schwierig ist. Auch Eier anderer Vogelarten und in seltenen Fällen Geflügelfleisch können infolge von Kreuzreaktionen zu allergischen Beschwerden führen.

Das Risiko, eine Hühnereiallergie zu entwickeln, ist in den ersten drei Lebensjahren am größten. So macht die Eiallergie auch zusammen mit der Kuhmilchallergie den Hauptanteil der Lebensmittelallergien bei Babys und Kleinkindern aus. Aber auch hier sind die Prognosen für eine Toleranzentwicklung und eine Verträglichkeit im Kindes- und Erwachsenenalter sehr gut, da sich die Allergie häufig wieder verläuft.

Die Hühnereiallergie zeigt sich vor allem über die Haut und tritt besonders häufig bei Babys mit Neurodermitis und in Kombination mit einer Kuhmilchallergie auf. Schwere Verläufe mit Kreislaufreaktionen oder anaphylaktischem Schock sind äußerst selten.

Als Allergieauslöser kommen alle eihaltigen Produkte infrage, was in der Beikostzeit lediglich das im erweiterten Gemüsebrei mögliche Eigelb betrifft, später dann Gebäck oder kleine Probiermengen der Familienkost. Bei gestillten Säuglingen kann manchmal auch der Eiverzehr der Mutter zu einer Sensibilisierung und einer Verschlimmerung der Symptome führen. In diesen Fällen muss auch die Stillende auf Eier und eihaltige Produkte ihrer Nahrung verzichten. Sofern die Ernährung ansonsten ausgewogen gestaltet wird, sind keine Nährstofflücken zu befürchten.

Der Verzicht auf Hühnerei ist ernährungsphysiologisch unproblematisch und kann auch im Küchenalltag gut gestaltet werden. Lediglich beim Backen und Kochen müssen dann Alternativen gefunden werden. Hierfür gibt es verschiedene Ei-Ersatzpulver, als Bindemittel in Kuchen können Quark oder Joghurt verwendet werden.

Die größte Herausforderung besteht darin, allergisierende Eiweiße, die von der Nahrungsmittelindustrie oder in Medikamenten eingesetzt werden, als Lebensmittelzusatzstoffe bzw. technologische Hilfsstoffe zu erkennen und so nicht unmerklich zu verzehren.

Wo kann Hühnerei enthalten sein?

- Eierspeisen, Rührei, Crêpe, Omelett, Kartoffelpuffer
- Brot und Backwaren, Kekse, Kuchen, Süßwaren, Eiscreme
- Soßen, Marinaden, Mayonnaise
- panierte Speisen
- Fruchtsäfte, Instantgetränke
- Shampoo, Wandfarbe, Medikamente, Impfstoffe

Eifreie Beikost

- Verzichten Sie auf die Zugabe von Ei im Brei.
- Achten Sie vor allem bei Gebäck und Keksen genau auf die Zutatenliste bzw. backen Sie diese zu Hause eifrei (Rezepte für eifreie Knabbereien finden sie auf den Seiten 119–123).
- Ist schon zu Beginn oder vor der Beikostzeit eine Eiallergie festgestellt worden, geben Sie Geflügelfleisch aufgrund einer möglichen Kreuzallergie anfangs nur in kleinen Mengen und steigern Sie die Mengen unter Beobachtung der Reaktion schrittweise.

Fisch

Allergien gegen Fischeiweiß sind sowohl von den möglichen Auslösern als auch von den Symptomen her sehr vielfältig. Bei einer bestehenden Sensibilisierung sind heftige Reaktionen auf kleine Mengen möglich und auch Kreuzreaktionen innerhalb verschiedener Fischsorten wahrscheinlich. Im Fall der Meeresfrüchteallergie spielt eine Kreuzreagibilität mit Hausstaubmilben eine Rolle und kann dadurch auch im Baby- und Kleinkindalter relevant sein. Die meisten Allergene sind hitzestabil, wodurch Fisch in roher sowie in gekochter Form streng gemieden werden muss. Praktisch ist dies in der eigenen Küche leicht umzusetzen, schwieriger wiederum der Außer-Haus-Verzehr bzw. bei Konsum von Fertigprodukten. Bei besonders starker Sensibilisierung kann sogar der Einsatz von Fischmehl in der Tiermast zu unerwarteten Reaktionen führen. In der Beikostzeit ist der Fischverzicht vor allem im erweiterten Gemüsebrei relevant, entsprechend müssen die fehlenden Nährstoffe Jod, Vitamin D und Omega-3-Fettsäuren anderweitig abgedeckt werden.

Fischfreie Beikost

- Verzichten Sie auf die Zugabe von Fisch im Brei.
- So ergänzen Sie die Nährstoffzufuhr: Jod durch Milch, Vitamin D durch Eier, Milch, Pilze und die körpereigene Produktion dank ausreichender UV-Strahlen, Omega-3-Fettsäuren EPA/DHA durch die pflanzliche Omega-3-Fettsäure **α-Linolensäure** in Leinöl, Walnussöl, Hanföl, Weizenkeimöl und Rapsöl, diese kann vom Körper in EPA und DHA umgewandelt werden, allerdings nur in begrenztem Maße.

Soja

Eine Sojaallergie im Babyalter tritt vor allem in Bezug auf sojahaltige Säuglingsmilchnahrung auf. Häufig ist dies der Fall, wenn anstelle von kuhmilcheiweißhaltiger Pulvernahrung auf sojabasierten Ersatz umgestiegen wird. In diesem Falle müssen entsprechende Alternativen gewählt und strikt auf jede Sojazufuhr verzichtet werden. Auch die stillende Mutter sollte keine sojahaltigen Lebensmittel zu sich nehmen. Reaktionen einer Sojaallergie äußern sich häufig in Form von Hautsymptomen und können sowohl als Sofortreaktion mit Hautrötung, Schwellung und Juckreiz als auch in Form von verzögert auftretenden Ekzemen vorkommen.

Nüsse

Bei den Nussallergien spielen vor allem Reaktionen gegen die Schalenfrüchte Haselnuss, Walnuss, rohe Mandel und die Hülsenfrucht Erdnuss eine Rolle. Eine Nussallergie verläuft in der Regel mit Schwellung, Juckreiz und Kratzen im Lippen-, Mund- und Rachenraum, seltener mit Magen-Darm-Beschwerden oder Anaphylaxien. Im Falle der Erdnussallergie hingegen kann es schon bei kleinsten Mengen zu schweren anaphylaktischen Reaktionen kommen. Da die meisten Nussallergene hitzestabil sind, sind sie auch in gekochter oder gebackener Form nicht verträglich. Kreuzreaktionen gegen mehrere Nuss-Sorten sind wahrscheinlich. Der Verzicht auf Nüsse ist ernährungsphysiologisch gut auszugleichen (etwa durch Ölsaaten und Samen) und küchentechnisch unproblematisch. Schwierig ist wiederum der Verzehr von Fertigprodukten. Auch in Medikamenten, Körperpflegemitteln und in Heimwerkerprodukten (z.B. in Fußbodenbelägen aus Linoleum) können sich Nussbestandteile befinden. In der Beikostzeit ist der Verzicht auf Nüsse lediglich hinsichtlich verwendeter Nussmuse oder nusshaltigen Gebäcks und Knabbereien relevant, diese müssen entsprechend vermieden werden.

Obst/Gemüse

Obst- und Gemüseallergien sind im Babyalter kaum relevant, sondern spielen vor allem bei Erwachsenen und älteren Kindern sowie Pollenallergikern eine Rolle, da hier häufig Kreuzallergien zwischen den Pollen und bestimmten Nahrungsmitteln bestehen. Bei den meisten Obst- und Gemüseallergenen hilft es, die Nahrungsmittel vor dem Verzehr zu dünsten, blanchieren oder zu kochen. Die Allergene fast aller heimischen und ausländischen Früchte oder Gemüsesorten sind hitzelabil. Eine Ausnahme ist Sellerie, der sowohl in roher als auch gekochter Form gemieden werden muss.
Häufige Allergieauslöser sind:
Karotten (vor allem rohe), Paprika, Sellerie, Tomaten, Zwiebeln, Fenchel, Ananas, Äpfel, Bananen, Birnen, Honigmelonen, Kirschen, Kiwi, Nektarinen, Pfirsiche, Pflaumen.

Zöliakie

Eine besondere Rolle unter den nicht-IgE-vermittelten allergischen Nahrungsmittelunverträglichkeiten spielt die **Zöliakie.** Bei dieser Erkrankung wird durch ein bestimmtes Protein, das **Gluten** oder Klebereiweiß, das in Getreidearten vorkommt, eine Immunreaktion ausgelöst, die im weiteren Verlauf zu einer Schädigung der Dünndarmschleimhaut führt. Dabei kommt es dann zu Symptomen wie

Übelkeit, Erbrechen, Bauchschmerzen, Blähungen bis hin zu massiven Durchfällen. Bedingt durch Nährstoffaufnahmestörungen treten daneben Vitamin- und Mineralstoffmangel, Gedeihstörungen und Gewichtsverlust auf. Neben einer vererbten genetischen Veranlagung führen vermutlich weitere Faktoren wie Darminfektionen und der Zeitpunkt des ersten Glutenkontaktes in ihrem Zusammenspiel zum Ausbruch der Erkrankung.

Nach der aktuellen Leitlinie S3 zur Allergieprävention soll vor allem die behutsame Einführung kleiner Mengen Gluten zwischen dem fünften und siebten Lebensmonat mit einer langsamen Steigerung der Menge und das parallele Stillen einer Zöliakie vorbeugen. Diese Empfehlung wurde jedoch durch Ergebnisse zweier Studien *[PreventCD-Studie (Prevent Celiac Disease)* und *Celiprev-Studie (Risk of Celiac Disease and Age at Gluten Introduction)]* wieder in Frage gestellt. Babys aus Familien mit einer genetischen Veranlagung sollten sich darum auf jeden Fall mit ihrem Kinderarzt, einer Diätologin oder einer Ernährungsberaterin über die aktuellen Zufuhrempfehlungen besprechen.

Laufende Studien untersuchen, inwiefern das Stillen und die sehr behutsame Einführung kleiner Glutenmengen Einfluss auf die Zöliakieentstehung haben.

Daneben wird in neuester Zeit von einer häufiger verbreiteten **nicht-zöliakiebedingten-Glutensensitivität** einzelner Personen ausgegangen. Dabei treten ähnlich wie bei der Zöliakie Magen-Darm-Beschwerden, Durchfälle und Übelkeit auf, jedoch bleibt die Dünndarmschleimhaut intakt und es sind auch keine Antikörper im Blut nachweisbar. Eine Diagnostik ist aus diesem Grund auch nicht möglich, letztendlich kann eine Glutenempfindlichkeit bestätigt werden, wenn eine Zöliakie und eine Weizenallergie sicher ausgeschlossen sind, sich durch mehrwöchigen Glutenverzicht die Beschwerden bessern und bei anschließend provokativer Gabe wieder Symptome zeigen. Das Auftreten dieses Krankheitsbildes wird unter anderem mit neuen Züchtungen von Getreidesorten in Verbindung gebracht. In jedem Fall muss auch hier eine Beratung durch eine kompetente Ernährungsberatung, eine Diätologin oder einen Arzt erfolgen, bevor eigenmächtig diagnostiziert und die Lebensmittelauswahl reduziert wird.

Ist eindeutig eine Zöliakie festgestellt, hilft nur eine streng glutenfreie Diät. In der Beikostzeit ist ein Ersatz glutenhaltigen Getreides leicht durchführbar und ohne Nährstoffeinbußen durch **Reis, Mais, Hirse, Amaranth oder Quinoa** abzudecken. Beim Einkauf ist unbedingt auf Mehle zu achten, die mit dem Siegel für glutenfreie Lebensmittel ausgezeichnet sind („durchgestrichene Ähre").

Generell dürfen bei einer diagnostizierten Zöliakie bestimmte Getreidesorten wie zum Beispiel **Weizen, Dinkel, Roggen und Gerste, aber auch Grünkern, Kamut, Einkorn, Emmer, Triticale** nicht verzehrt werden.

Hafer als beliebtes Beikostgetreide nimmt in Hinsicht auf die Verwendung bei Zöliakie eine Sonderstellung ein. Obwohl Hafer für viele Zöliakieerkrankte durchaus verträglich ist, ist er nicht generell geeignet. Studien zur Verträglichkeit von Hafer bei Zöliakie werden in Zukunft sichere Aussagen dazu zulassen. Bei entsprechender Ernäh-

rung regeneriert sich die Dünndarmschleimhaut und die Symptome verschwinden innerhalb weniger Tage beziehungsweise Wochen. Bei einem erneuten Verzehr glutenhaltiger Speisen kommt es dagegen zu einer erneuten Dünndarmschädigung mit entsprechenden Symptomen.

Etwas schwierig ist das glutenfreie Backen, da das Klebereiweiß wichtige Backeigenschaften besitzt. Alternativen zu herkömmlichen Mehlen sind Buchweizen-, Amaranth-, Mais- oder Reismehl, Kartoffelstärke sowie diverse Nussmehle (z. B. Kokosmehl) oder gemahlene Nüsse. Zum Gelingen des Backwerks können eine höhere Menge an Eiern und die Zugabe von Quark/Joghurt beitragen. **Ausgewählte Rezepte für glutenfreies Backen** finden Sie ab Seite 119.

Problematisch kann der Außer-Haus-Verzehr sein, da in Restaurants und Bäckereien sehr leicht eine Vermengung mit glutenhaltigem Mehlstaub stattfinden kann.
Auch in der heimischen Küche muss beim Kochen und Backen sorgfältig darauf geachtet werden, dass keine glutenhaltigen Produkte in glutenfreie Speisen geraten.
Da Gluten auch in vielen Fertigprodukten enthalten sein kann, muss anhand der Etiketten genau darauf geachtet werden, ob diese bei einer Zöliakie zum Verzehr geeignet sind.

Folgende Produkte können Gluten enthalten, müssen es aber nicht! Gluten kann in vielen Produkten versteckt sein:

- gebundenen Soßen
- Suppen
- Fertiggerichten
- Pudding

Es kann enthalten sein in:

- Pommes Frites
- Kroketten
- Kartoffelpuffer
- Wurst, Würstchen
- Frischkäsezubereitungen mit Kräutern
- Eis
- Nuss-Nougat-Cremes
- Milchprodukten m. Frucht
- fettreduzierten Produkten
- Chips, Flips & Co
- Ketchup, Senf usw.
- Schokolade
- Gewürzmischungen

Quelle: www.dzg-online.de/hier-kann-gluten-enthalten-sein.30.0.html

Betroffene finden viele wertvolle Informationen auf der Website der **Deutschen Zöliakie Gesellschaft DZG** unter www.dzg-online.de, der **Österreichischen Arbeitsgemeinschaft Zöliakie** unter www.zoeliakie.or.at und der **IG Zöliakie der Deutschen Schweiz** unter www.zoeliakie.ch

Wertvolle Tipps und unterstützende Maßnahmen bei Allergien und Unverträglichkeiten

1 Ein Ausschluss von Lebensmitteln auf eigene Vermutung und ohne Beratung birgt besonders in der sensiblen Wachstums- und Entwicklungsphase des Babyalters die ernsthafte Gefahr einer Mangelernährung! Ziehen Sie bei Unsicherheit immer Ihren Kinderarzt oder eine erfahrene Ernährungsberatung zu Hilfe.

2 Eine homöopathische Konstitutionsbehandlung kann helfen, überschießende oder falsch gerichtete Reaktionen wieder zu regulieren. Auch andere komplementärmedizinische Methoden können zu einer Linderung der Beschwerden führen. Bewährt haben sich unter anderem: Phytotherapie, Bach-Blüten-Therapie, Traditionelle chinesische Medizin (TCM), Eigenbluttherapie. Suchen Sie sich dafür in jedem Fall professionelle Hilfe und besprechen Sie das Vorgehen mit Ihrem Kinderarzt.

3 Hilfreich ist der Aufbau und Schutz einer gesunden Darmflora und Darmschleimhaut. Neben Aufspaltung und Verdauung unserer Nahrung und der Ausscheidung unerwünschter Nahrungsbestandteile stellen unser Darm und die Billionen guter Bakterien, die ihn besiedeln, eine effektive Barriereschicht gegen eine Vielzahl problematischer Stoffe dar. Nahezu 80% unserer Immunzellen werden im Darm produziert, daneben wichtige Immunglobuline, und nicht umsonst wird der Darm als wesentlicher Bestandteil unseres Immunsystems bezeichnet. Hier bietet insbesondere das Stillen einen großen Vorteil, da die Muttermilch den Aufbau einer gesunden Darmflora unterstützt. Stillen Sie wenn möglich mindestens 4 Monate voll und während der Beikostzeit so lange wie möglich.

4 Achten Sie in den ersten Beikostmonaten auf einen geringen Säuregehalt der Nahrungsmittel (keine oder nur sehr wenig Zitrus- und Südfrüchte) und ausreichend Ballaststoffe (vor allem Pektine, enthalten in Äpfeln und Beerenfrüchten). Auch der tägliche Verzehr von 50 ml Mandelmilch oder 1 TL Mandelmus kann sich positiv auswirken. Bewährt hat sich außerdem, täglich 2–3 Tropfen schleimhautregenerierendes Sanddornfruchtfleischöl in den Brei zu geben. Nach Absprache mit dem Kinderarzt kann der Einsatz von speziellen probiotischen Präparaten den Aufbau einer gesunden Darmflora unterstützen. Bedenken Sie auch, dass jede Antibiotikumgabe auch mit Beeinträchtigungen der körpereigenen Darmflora einhergeht. Wenn nötig, dann begleiten Sie eine solche Therapie unbedingt mit darmunterstützenden Maßnahmen.

5 Stark säurehaltige, säurebildende und aggressive Lebensmittel sollten ebenso wie Fertigprodukte und Lebensmittelzusatzstoffe gemieden werden. Dies ist vor allem beim Übergang in die Familienkost relevant.

6 Hochwertige native und kalt gepresste Pflanzenöle liefern wertvolle essentielle Fettsäuren, die im Körper zahlreiche zellschützende und entzündungshemmende Wirkungen haben. Bereits ein Teelöffel Nachtkerzen- oder Hanfsamenöl kann bei Hautbeschwerden gute Dienste leisten.

7 Immunstärkende Maßnahmen wie **ansteigende Fußbäder,** Wickel und Waschungen (z. B. im Rahmen einer **Kneipp-Therapie**) stärken Ihr Baby von klein auf. Ausreichend frische Luft und Sonnenlicht sowie die Möglichkeit zu einem ausgewogenen Bewegungsverhalten unterstützen eine gesunde Entwicklung.

8 Vermeiden Sie alle belastenden Schadstoffe in der Umgebung und im Kontakt mit Ihrem Kind. Insbesondere bei Spielsachen, Textilien, Pflegeprodukten und Nahrungsmitteln sollten Sie auf biologische und schadstofffreie Produkte achten.

9 Sorgen Sie, besonders bei akuten Beschwerden, für Wohlbefinden und Entspannung bei Ihrem Baby. Das kann geschehen durch eine zärtliche Babymassage, Vorsingen, altersgerechte Bewegungsspiele und jede andere Art der liebevollen Zuwendung und Harmonie. Das Wertvollste, was Sie Ihrem Kind schenken können, ist Ihre Zeit und Zuneigung!

10 Und ganz wichtig: Stressreduktion! Vermeiden Sie alles, was für Ihr Kind unnötigen Stress oder psychische Belastung bedeutet. Auch das übermäßige Thematisieren der Unverträglichkeit sollte vermieden werden. So gelingt es Ihnen, die Ernährung entspannt und unkompliziert zu gestalten.

ANSTEIGENDES FUSSBAD

Ein ansteigendes Fußbad wirkt harmonisierend und sanft stärkend auf den ganzen Organismus. Besonders zur Steigerung der Abwehrkräfte, während der Erkältungszeit, aber auch bei Bauchschmerzen, Unruhe oder für besonders wärmehungrige Babys.

Wichtig ist, dass Ihrem Baby während der Anwendung rundum warm ist. Eventuell wickeln Sie den Oberkörper in eine kuschelige Decke und achten darauf, dass die Beine warm bzw. eingehüllt sind.

Legen Sie ein Handtuch und ein Badethermometer bereit. Ihr Baby halten Sie während des Badens am besten im Arm bzw. haben es auf dem Schoß.

Für das Fußbad füllen Sie eine entsprechend große Schüssel mit ca. 36° C warmem Wasser, in das Sie die Füßchen behutsam tauchen. Besonders gut geht das, wenn Sie auf einem Hocker, Sitzkissen oder gefalteten Handtüchern in der Duschkabine oder Badewanne sitzen und die Schüssel zwischen die Beine nehmen.

Füllen Sie ein zweites Gefäß, z.B. Krug, Gießkanne oder Milchflasche, mit heißem Wasser (ca. 50° C) und gießen Sie davon nach und nach seitlich in das Fußbad, bis dieses eine Wassertemperatur von etwa 40° C erreicht hat. Achten Sie darauf, dass Ihr Baby nicht in direkten Kontakt mit dem heißen Wasser kommt!

Die Füßchen dürfen etwa 5–10 Minuten im warmen Fußbad bleiben, danach werden sie abgetrocknet, nach Belieben eingeölt und in warme Söckchen gepackt. Ganz wichtig ist, dass Ihr Baby nun nachruhen kann, entweder kuschelig eingepackt auf Ihrem Arm oder im Bettchen.

Für Babys ab 3 Monaten können dem Fußbad auch altersentsprechend Zusätze wie ätherische Öl-Zubereitungen oder Kräuteraufgüsse hinzugefügt werden. Lassen Sie sich dazu am besten von Ihrer Hebamme oder Ihrem Apotheker beraten.

Rezepte für die Beikostzeit

Beikosteinführung

Der richtige Zeitpunkt für kleine Esser – woran erkenne ich, dass mein Baby bereit ist für die erste Beikost?

Die Zeit der ersten Beikost ist bei jedem Kind ein großer Schritt in die Selbständigkeit und für die ganze Familie ein kleines Abenteuer. Um zu erkennen, ob es schon Zeit für die ersten Löffelchen ist, können Sie an Ihrem Baby die sogenannten Beikost-Reifezeichen beobachten: Haben Sie den Eindruck, dass Ihr Baby schon Interesse an den Mahlzeiten der Großen zeigt? Möchte es vielleicht schon selbst Nahrungsmittel in den Mund stecken und erkunden? Zeigt es vielleicht in letzter Zeit vermehrt Hungergefühl? Dann ist es mit großer Wahrscheinlichkeit reif für die erste Beikost – die kulinarische Entdeckungsreise darf beginnen.

Wie der Name schon vermuten lässt, die Beikost soll nicht plötzlich die gewohnte Milchnahrung ersetzen, im Gegenteil. Zusätzlich zu Brust oder Fläschchen bekommt Ihr Baby nach und nach neue Lebensmittel, die zum einen eine zusätzliche Versorgung mit wichtigen Nährstoffen gewährleisten, vor allem aber das kleine Familienmitglied nach und nach an die Kost der Großen heranführt. Am Anfang ist es oft mehr ein Spiel und ein Kennenlernen von Geschmacksvariationen und weniger eine richtige Nahrungsaufnahme. Manche Babys brauchen auch etwas länger Zeit, um sich auf Breikost einzulassen, und ziehen es bisweilen mit acht oder neun Monaten noch vor, gestillt zu werden oder aus dem vertrauten Fläschchen zu trinken. Doch im Laufe des ersten Lebensjahres wird es immer aktiver und interessierter an den Familienmahlzeiten teilhaben, bis es um den ersten Geburtstag herum dann nach und nach an die Gerichte der Großen gewöhnt ist. Dazu gehört natürlich auch, dass Ihr Baby an den gemeinsamen Mahlzeiten beteiligt sein darf und nicht zu einem anderen Zeitpunkt separat „abgespeist“ wird.

Essen ist schließlich nicht nur Nahrungsaufnahme, sondern zugleich ein soziales, genussvolles und zugleich kulturell prägendes Miteinander. Zeigen Sie Ihrem Baby, dass es mit Ihnen essen darf und dazugehört. Sie können ihm bei dieser Gelegenheit ohne Bedenken ab und zu einmal ein Häppchen von Ihrem Teller geben, denn das verträgt es ab einem halben Jahr. Vorausgesetzt natürlich, es handelt sich um weiche Kost, die nicht stark gesalzen, gewürzt oder scharf angebraten ist.

Die Einführung der Beikost ist mit vielen neuen Sinneseindrücken verbunden.

Die Brust dürfen Sie Ihrem Kind übrigens weiterhin geben. Beliebig lange, sofern Sie und Ihr Kind Freude daran haben. Dann spricht absolut nichts dagegen, zusätzlich zur festen Nahrung Muttermilch anzubieten. Zumal diese wichtige Schutzstoffe enthält, die für das Immunsystem und die Krankheitsabwehr Ihres Babys sehr wertvoll sind. Die Weltgesundheitsorganisation (WHO) empfiehlt sogar, bis zum zweiten Lebensjahr begleitend zu stillen, nach Belieben auch darüber hinaus.

Die Zeit der Beikost ist für Ihr Baby verbunden mit vielen neuen Sinneseindrücken. Geruch, Geschmack und Konsistenz eines jeden Nahrungsmittels wollen entdeckt werden. Wie es schon im Mutterleib über das Fruchtwasser und danach über die Muttermilch die ersten Geschmackseindrücke der mütterlichen Nahrung bekommen hat, so setzt sich mit der Beikost und später mit der Kinderernährung die individuelle Geschmacksprägung fort. Dementsprechend wichtig ist es, Kinder vom ersten Löffelchen an eine gesunde, ausgewogene und vielseitige Kost zu gewöhnen. Mit selbst zubereiteten Breien und Kindermahlzeiten können Sie entscheiden, was Ihr Kleines auf den Teller bekommt. Statt Einheits-Breigeschmack ermöglichen Sie so eine Vielzahl an wertvollen Sinneseindrücken.

Neben dem Erkunden von Geschmack und Konsistenz im Mund spielt auch das Ertasten und Erfühlen im Babyalter eine wichtige Rolle. Ungefähr zur selben Zeit, wenn Babys zeigen, dass sie reif für Beikost sind, entwickeln sie auch die Fertigkeit, mit der ganzen Hand zu greifen und zu halten. Unterstützen Sie diesen Lernprozess und ermöglichen Sie es Ihrem Kind, nach Lebensmitteln zu greifen und diese in den Mund zu führen. Zum einen gewöhnt es sich frühzeitig daran, eine Auswahl zu treffen und verschiedene Nahrung zu unterscheiden, indem es sie mit seinen Sinnesorganen erkundet, sie tastet, riecht und schmeckt, und zum anderen ist dies ein gutes Training für die Ausbildung von Feinmotorik und Auge-Hand-Mund-Koordination.

Bieten Sie Ihrem Säugling von Beginn der Beikost-Einführung auch Fingerfood an. Das können anfangs babyfaustgroße Stückchen Obst und Gemüse sein, die Sie weich gegart haben, sodass das Kind sie im Mund zerdrücken oder den Saft heraussaugen kann. Im Laufe der Zeit werden die Stückchen immer kleiner, damit der Zangen- oder Pinzettengriff erlernt wird – das heißt das Greifen mit Daumen und

Fingern. Achten Sie aber immer darauf, dass die Lebensmittel weich sind, weil sich Ihr Kind sonst womöglich verschluckt. Spätestens ab dem neunten Lebensmonat sind die meisten Babys in der Lage, kleine Stückchen Brot oder gekochte Nudeln einzuspeicheln und am Gaumen zu zerdrücken.

Gerade „beikostmüde" Kinder sprechen gut auf **„Baby-Fingerfood"** an, weil es für sie eine sinnliche und erlebnisreiche Möglichkeit ist, Nahrungsmittel für sich zu entdecken. Und irgendwann landen dann auch diese Breiverweigerer am Familientisch.

„Baby-Fingerfood" ist eine erlebnisreiche Möglichkeit, Nahrungsmittel zu erforschen.

Eine ganz eigene Art der Beikost ist die sogenannte **babygesteuerte Beikosteinführung,** auch *BLW (Baby-led weaning).* Dabei nehmen die kleinen Esser von Beginn der Beikostreife ihr Essen selbst in die Hand und entscheiden aus einer Auswahl an geeigneten Lebensmitteln, was sie zu sich nehmen möchten. Gerade bei Geschwisterbabys führt dies zu einer Entspannung am Familientisch, da das Baby noch einfacher an den gemeinsamen Mahlzeiten teilhaben kann und seine Entdeckerfreude unterstützt wird. In vielen Kulturen wird das *Baby-led weaning* ganz selbstverständlich und unproblematisch gelebt. Allerdings müssen ein paar wichtige Punkte dabei beachtet werden:

- Beginnen Sie mit den ersten Versuchen, wenn Ihr Baby frisch gestillt und satt ist, so fällt ihm die Umstellung leichter und es kann sich entspannt auf die neue Art der Nahrung einlassen.
- Das Baby muss aufrecht und sicher sitzen, entweder auf Ihrem Schoß oder im Hochstuhl. Bieten Sie ihm sein Essen direkt vom Tisch (am besten von einer abwaschbaren Platzdecke) oder von seinem Stuhltablett an.
- Zu jeder Mahlzeit gibt es eine Auswahl an weichen bzw. weich gegarten Lebensmitteln, die das Baby gut greifen und zum Mund führen kann. Zuerst sind die Stücke etwa babyfaustgroß. Mit etwa acht bis neun Monaten lernt das Baby den Pinzettengriff, dann können die Stücke auch kleiner sein.
- Das Baby darf selbst entscheiden, welche Lebensmittel es auswählt und wie viel es davon verzehren möchte. Es wird ihm nichts in den Mund gesteckt, sondern nur angeboten.
- Das Baby und die Familien essen die gleichen Grundzutaten, das setzt voraus, dass das Familienessen gesund, vollwertig und ausgewogen ist. Es sollten keine Fertiggerichte, scharf Gebratenes und zu stark Gewürztes sein, wenig Fettes und Süßes. Alle Speisen sollten salzarm zubereitet werden.

Da kleine Geschwisterbabys ihren älteren Schwestern/Brüdern vieles nachmachen und frühzeitig selbständig Nahrung zu sich nehmen möchten, bietet sich am sinnvollsten eine Kombination aus Brei und Fingerfood an. Möchten Sie Ihr Kind ganz nach der *BLW* ernähren, sollten Sie sich zusätzlich Rat und Hilfe von Ihrer Hebamme, dem Kinderarzt oder einer Fachkraft für Babyernährung holen.

Geeignetes Fingerfood

Alter 6 bis 8 Monate: babyfaustgroße, weiche Obst- und Gemüsestücke, z. B. Pfirsich, Banane, Erdbeeren, gedünstete Apfel- und Birnenschnitze, weich gegarte Blumenkohl- und Brokkoliröschen, Avocadostücke, hart gekochte Eier, weiches oder eingeweichtes Brot (kein gröbkörniges Brot), gekochte Nudeln (Farfalle, Spirelli, Penne), Pfannkuchenstückchen
Alter ab 9 Monate: kleinere Stücke zum Trainieren des Pinzettengriffs, z.B. gekochte Erbsen, Maiskörner, kleinere gekochte Nudeln, Himbeeren, kernlose Trauben, klein geschnittenes weiches Obst, milde Käsewürfel, weich gekochte Fleisch- und Fischstückchen, Rundkorn- und Risottoreis, Getreidebratlinge, Hackfleischbällchen

3 Phasen in der Beikostzeit

Entsprechend der motorischen Entwicklung Ihres Babys lässt sich die Beikostzeit grob in **drei Altersabschnitte** unterteilen:
Je nach Alter bevorzugt Ihr Baby zuerst sehr fein pürierte, homogene Breie, nach und nach dürfen aber immer mehr Stückchen darin sein und so für eine Abwechslung im Mundgefühl sorgen. Auch das Zerdrücken und Zerkauen von Speisen will gelernt sein!
Ab dem 10. Lebensmonat gehen die Breie dann allmählich in die Familienkost über und ähneln in ihrer Konsistenz immer mehr dem Essen der Großen. Und natürlich darf um den ersten Geburtstag herum das eigenständige Essen mit Fingern und Besteck geübt werden.

5. bis 7. Monat
Zwischen dem fünften und siebten Monat ist der Beginn der Beikostgabe. Hier geht es vor allem darum, ein Gefühl für Breinahrung und neue Geschmacksrichtungen zu bekommen.

Die meisten Babys essen in den ersten Beikostmonaten noch nicht allzu viel. Zuerst sind es nur wenige Löffel, nach und nach steigert sich dann die Menge, je nach individuellem Bedürfnis. In diesem Zeitraum sollte Ihr Baby nach aktuellem Stand der Allergieprophylaxe auch den ersten Kontakt mit potentiellen Allergieauslösern, vor allem Milch und möglicherweise auch glutenhaltigem Getreide, haben. Jedoch zuerst nur in kleinen Mengen, die dann nach und nach erhöht werden. Verträgt Ihr Baby die neuen Lebensmittel, so darf es im zweiten Abschnitt, ab dem achten Monat, beliebig viel davon essen und Sie können diese in den Rezepten ganz nach Ihrem Wunsch austauschen.

8. bis 9. Monat

Ab dem achten Lebensmonat essen die meisten Kinder schon 3-mal täglich eine Breimahlzeit. Die Beikost ist ein fester Bestandteil im Tagesablauf Ihres Babys geworden.

Die Beikost wird ab dem 8. Monat zum festen Bestandteil im Tagesablauf Ihres Babys.

Bestimmt kennen Sie dann auch die Geschmacksvorlieben Ihres kleinen Essers und es haben sich ein paar Lieblingsgerichte herauskristallisiert. Sie dürfen nun auch beliebig verträgliche Lebensmittel in den Rezepten austauschen, kombinieren und auch, bei Verträglichkeit, glutenhaltige Getreidesorten in die Breimahlzeiten integrieren.

Im *zweiten Abschnitt des Beikostalters* beginnen viele Kinder Nahrungsmittel selber in die Hand zu nehmen und in den Mund zu führen. Unterstützen Sie dieses, indem Sie Ihrem Kleinen immer wieder weich gedünstete Speisen in kleiner werdenden Stückchen servieren. Der Brei wird nach und nach stückiger, damit das Baby lernen kann, festere Nahrung im Mund zu bewegen und am Gaumen zu zerdrücken. Auch Getreide wie Hirse, Reis oder kleine Nudeln kommen nun gekocht als Ganzes in den Brei.

10. Monat bis 1 Jahr

Ab dem zehnten Lebensmonat wird das Baby langsam in die Familienkost eingeführt. Nun darf es auch nach Verträglichkeit weiche, wenig gewürzte Speisen von den Gerichten der Großen probieren.

Babys Breie werden immer grobstückiger und es gibt regelmäßig auch Essen auf die Hand. Die Breizutaten werden nun nicht mehr immer püriert, sondern oft nur noch mit der Gabel grob zerdrückt. Kräuter dürfen ab und zu in kleinen Mengen die Geschmacksvielfalt des Essens bereichern.

Am Ende des 12. Lebensmonats, also mit einem Jahr, löst das Essen mit der Familie allmählich die Babybreie ab.

Das gemeinsame Frühstück

Besonders das **Frühstück** bietet Gelegenheit, die Kleinen an den Familientisch zu integrieren. Die meisten Babys werden bis zum zweiten Lebensjahr morgens gestillt oder bekommen ihr Fläschchen. Kein Grund, sie deswegen vom Frühstückstisch auszuschließen. Sobald Sie Interesse feststellen, bieten Sie von Ihrem Frühstück weiche und babygerechte Kost an. Das kann ein bunter Obstsalat zum Naschen sein, kleine Pfannkuchenstückchen, Butter- oder Marmeladebrot oder auch mal ein wenig ungewürztes Rührei.

Trinken

Ab der dritten Breimahlzeit benötigt Ihr Säugling zusätzlich zu Brust oder Flasche Flüssigkeit. Optimaler Durstlöscher ist nach wie vor reines Wasser. Ob frisches Trinkwasser oder für die Babyernährung geeignetes Mineralwasser, bleibt Ihnen überlassen. Tee sollte die Ausnahme sein, haben doch alle Kräuter auch eine spezifische Wirkung. Geeignet ist – aber in geringen Mengen: dünn aufgegossener Fenchel-, Anis-, Kümmel-, Hagebutten- oder Apfelschalentee.

Ihr Kind lernt am besten aus Gefäßen zu trinken, wenn Sie ihm über den Tag verteilt immer wieder ein paar Schlückchen aus einem kleinen (Eier)Becher, Glas oder Espressotässchen anbieten. Zwar geht anfangs bestimmt noch einiges daneben, aber mit Geduld eingeübt geht das mit der Zeit immer besser. Unterwegs können Schnabeltassen, Trink-Lernbecher oder der Strohhalm eine praktische Hilfe sein.

ACHTUNG: Fruchtsäfte sind überflüssig (Ausnahme die zwei Löffel im Brei)!
Sie enthalten nur leere Zuckerkalorien, zahnschmelzschädigende Säuren und gewöhnen die Kinder zu schnell an süße Getränke.

Beikostplan

Dieser Ernährungsplan für das erste Lebensjahr dient als Richtschnur und verdeutlicht die Zeitspannen für den Übergang zu den drei Breimahlzeiten bis hin zum kompletten gemeinsamen Familienessen. Er bietet Anhaltspunkte und damit Empfehlungen.

Im Vordergrund steht aber immer die Individualität, also die Bedürfnisse Ihres Kindes, denn ein Kind lässt sich weder nach Plan stillen, noch zu Bett bringen und auch nicht ernähren. Auch die Essgewohnheiten Ihrer Familie sollten Sie berücksichtigen.

So ist es durchaus möglich, zuerst mit dem abendlichen Milch-Getreide-Brei zu beginnen. Ebenso kann dieser mit dem Obst-Getreide-Brei als zweiter Brei ausgetauscht werden. Möchten Sie Ihr Kind

vegetarisch ernähren, ersetzen Sie das Fleisch im Gemüsebrei durch eisenreiches Getreide.

Nähere Informationen über die verschiedenen Variationsmöglichkeiten finden Sie bei den entsprechenden Rezepten in diesem Buch.

.TER / GESZEIT	1.–4. Monat	5. Monat Start Beikost*	6. Monat	7. Monat	8. Monat Beikostzeit	9. Monat	10. Monat Übergang zur Familienkost	11. Monat	12. Monat
ɔrgens	Muttermilch od. Säuglingsmilchnahrung, evtl. HA oder pHF						Familienfrühstück *** nach Verträglichkeit, z. B. Pfannkuchen, gekochter Getreidebrei, Brot mit Fruchtaufstrich, Muttermilch ergänzend nach Belieben, Säuglingsmilchnahrung langsam ausschleichen, als Ersatz evtl. Getreidemilch		
rmittags					Zwischenmahlzeit *** aus Obst-Getreide-Brei, Obststückchen, Gemüserohkost, Reiswaffeln, ungesüßten Backwaren				
ttags		Gemüsebrei 1. Wo. eine Gemüsesorte ** Zucchini, Pastinake, Kürbis, nach 3–5 Tagen 1 TL Pflanzenöl; 2. Wo. zusätzl. ca. 50 g Kartoffel oder 15 g Getreide (auch kleine Mengen glutenhaltiges) und 1–2 EL frischer Saft; 3. Wo. optional Kalb-/Lammfleisch, Lachs oder Eigelb (im 3-täg. Abstand eingeführt)	Schrittweise neue Gemüse- und Getreidesorten, andere Fleisch- und Fischsorten, im 3-tägigen Abstand						
achmittags				Obstbrei 1. Wo. eine milde Obstsorte ** Apfel, Birne, Aprikose, nach 3–5 Tagen 1 TL Pflanzenöl, Nussmus od. Butter; 2. Wo. zusätzlich 10–15 g Getreide nach Verträglichkeit	Schrittweise neue Obstsorten, im 3-tägigen Abstand, Abwechslung beim Getreide nach Verträglichkeit				
ɔends			Milchbrei 1. Wo. Halbmilchbrei aus Vollmilch/Wasser 1:1 plus 25 g Getreide; ab der 2. Wo. Milchanteil täglich ein wenig steigern	Nach Belieben zusätzl. 2 EL Obstmus in Anlehnung an Obst-Getreide-Brei, Abwechslung beim Getreide nach Verträglichkeit					
achts	Muttermilch ad libitum, Säuglingsmilchnahrung gegen Ende des 1. Lebensjahres langsam ausschleichen								
sätzlich			Fingerfood ***						

* Individuell, nach Beikostreife. Alle neuen Nahrungsmittel im Abstand von 3 Tagen einführen und protokollieren

** Auswahl nach Saison

*** Nur Nahrungsmittel, die in ihrer Verträglichkeit bestätigt bzw. schon im Brei versucht wurden. Neue Nahrungsmittel im Abstand von 3 Tagen auslesen

Hinweise zu den Rezepten

Werden in den Rezepten Instant-Getreideflocken/ oder -mehl verwendet, so sind damit spezielle Getreideprodukte im Rahmen der Babykost gemeint, manchmal auch benannt als Getreidebreie. Diese bekommen Sie beispielsweise von den Firmen *Holle, Alnatura* oder *Töpfer.* Achten Sie in jedem Fall beim Einkauf genau auf die Zutatenliste und verwenden Sie nur reine Vollkorn-Getreideprodukte, ohne sonstige Zutaten (mit Ausnahme der gesetzlich vorgeschriebenen Anreicherung mit Vitamin B_1).

Die Mengenangaben sind gedacht für Babys ab dem 5. Monat. Jedoch schwanken die individuellen Essmengen sehr. Seien Sie nicht besorgt, wenn Ihr Kind nicht alles aufisst. Lassen Sie es selbst über die Menge entscheiden, die es benötigt. Übrige Breireste können Sie auch in Gemüsesoßen, Aufläufen oder kombiniert mit Hackfleisch für das Essen der Großen wiederverwerten. Gemüsebrei mit Frischkäse und frischen Kräutern eignet sich beispielsweise gut als köstlicher Brotaufstrich, den Sie je nach Geschmack fein würzen.

Die Garzeiten richten sich nach der Größe bzw. dem Zerkleinerungsgrad der Lebensmittel. Sind die Stückchen noch zu fest, schneiden Sie sie beim nächsten Mal etwas kleiner oder verlängern Sie die Garzeit. Möchten Sie Ihre Breikost im Dampfgarer vorgaren oder in einer Küchenmaschine (*Thermomix* etc.) zubereiten, gelten evtl. auch andere Zeitangaben.

Die im Rezept angegebene Wassermenge setzt voraus, dass kein Wasserdampf beim Garen verloren geht. Erscheint Ihnen die Menge zu wenig bzw. die Breikonsistenz zu fest, ergänzen Sie mit frisch abgekochtem Wasser, ab dem 7. Monat auch mit frischem Leitungswasser.

DIE DREI BEIKOSTBREIE

Bei der Einführung der Beikost gehen Sie am besten schrittweise vor und führen so im Abstand von etwa einem Monat jeweils eine neue Breimahlzeit ein.

Als erste Mahlzeit bekommen Babys in der Regel den warmen Mittagsbrei, bestehend aus Gemüse, Getreide, Fleisch/Fisch/Eigelb **(Gemüse-Getreide/Kartoffel-Fleisch/Fisch/Ei-Brei).** Er sorgt für erste Geschmackseindrücke und zusätzliche Energie, essentielle Fettsäuren, Vitamine und Mineralstoffe, vor allem Eisen und Zink oder Jod.

Die zweite Beikostmahlzeit ist der warme Abendbrei aus Milch und Getreide **(Milch-Getreide-Brei),** der die zusätzliche Nährstoffzufuhr um Energie, Eiweiße, Calcium, Jod, Milchfett und fettlösliche Vitamine wie Vitamin A und Vitamin D erweitert.

Zuletzt wird der **Obst-Getreide-Brei** als Zwischenmahlzeit am Nachmittag, oder geteilt in Vormittags- und Nachmittagssnack, eingeführt. Er sorgt für weitere Energie, Vitamine, Mineralstoffe und Fette.

Selbstverständlich können Sie die Verteilung der einzelnen Breimahlzeiten jederzeit an Ihren gewohnten Familienablauf anpassen. So ist es beispielsweise möglich, den Gemüse-Getreide/Kartoffel-Fleisch/Fisch/Ei-Brei auch am Abend zusammen mit der warmen Hauptspeise der Familie zu geben.

Diese drei Breimahlzeiten sind das **Grundgerüst der Beikostnahrung** im zweiten Lebenshalbjahr. Neben dem parallelen Stillen oder alternativ der Säuglingsmilchnahrung sorgen sie für eine ausgewogene und nährstoffreiche Ernährung Ihres Babys.
Bieten Sie dafür genügend Abwechslung in der Auswahl der Zutaten, um Ihrem Kleinen reichliche Geschmackseindrücke zu ermöglichen.

Mehr Zutaten als die beschriebenen sind nicht nötig. Vor allem Salz und Gewürze sind in den Breimahlzeiten überflüssig!

1. Der Gemüsebrei

Gemüsebrei ist der erste Brei, den Ihr Baby bekommt.

Der erste Brei, den Ihr Baby bekommt, ist **reines Gemüse.** Wählen Sie gut verträgliche und bekömmliche Sorten wie Pastinake, Zucchini oder Kürbis. Manche Babys sind so freudig entschlossen, diese neue Kost zu entdecken, dass sie gleich beim ersten Versuch richtig loslegen, andere wiederum benötigen ein paar Anläufe, um sich an Geschmack und Konsistenz zu gewöhnen. Geben Sie Ihrem Baby die Zeit, die es benötigt. Wird der Gemüsebrei konsequent abgelehnt, können Sie einen neuen Versuch starten und dem Gemüsebrei ein wenig süßes Obstmus, z. B. Apfel oder Birne, unterrühren.

Wird der **Gemüsebrei** akzeptiert, kommt als Nächstes ein Teelöffel **natives Pflanzenöl** (z. B. Rapsöl oder ein spezielles Beikostöl) dazu. Dieses gewährleistet die Versorgung mit essentiellen Fettsäuren und wird dem hohen Energiebedarf im ersten Lebensjahr gerecht. Als Mengenverhältnis gilt: auf 100 g Brei kommt 1 TL Pflanzenöl.

Für zusätzliche Energie Gemüsebrei mit Getreide oder Kartoffeln ergänzen.

Nach etwa einer Woche wird der Gemüsebrei nun mit **Kartoffeln oder Getreide** ergänzt. Diese sorgen für zusätzlich Energie und wertvolle Mineralstoffe. Zu den 100 g Gemüsebrei kommen entweder eine kleine gekochte Kartoffel oder 15 g Getreideflocken. Dabei bieten sich vor allem in den ersten Beikostmonaten Instant-Flocken bzw. Instant-Getreidemehl an.

Vor dem 8. Monat sollten Sie bevorzugt **glutenfreies Getreide wie Reis oder Hirse** verwenden und nach und nach durch steigende Mengen glutenhaltiges Getreide ersetzen.

Ab dem 8. bis 10. Lebensmonat freuen sich die Babys über mehr Konsistenz, dann dürfen es auch gekochte kleine Nudeln, Reis, Hirse, Getreideflocken o. Ä. sein. Möchten Sie Ihr Baby vegetarisch ernähren, bevorzugen Sie als Getreidekomponente eisenreiche Sorten wie Hafer oder Hirse. Generell wird der Gemüse-Getreide-Brei mit 1–2 EL **frischem Saft** oder einem kleinen Spritzer Zitrone angereichert. Alternativ dazu können Sie auch etwas frisches Obstmus oder ab dem achten Monat einen Schnitz weiches Obst zum Nachtisch anbieten. Das darin enthaltene Vitamin C verbessert die Aufnahme des wichtigen Eisens. Reagiert Ihr Baby allerdings auf die enthaltenen Fruchtsäuren oder das Vitamin C, verzichten Sie selbstverständlich darauf. Probieren sie es erneut im Laufe der Beikostzeit immer wieder in kleinen Mengen, ob sich die Verträglichkeit verbessert hat. Außerdem sollten Sie die Menge des Pflanzenöls in diesem erweiterten Brei nun auf 2 TL steigern.

Um dem erhöhten Nährstoffbedarf ab dem 6. Lebensmonat gerecht zu werden, wird der Gemüse-Getreide-Brei zuletzt noch um 20–30 g **Fleisch, Fisch oder Eigelb** erweitert. Das Fleisch bzw. Eigelb liefert wichtige Spurenelemente wie Eisen und Zink, die Ihr Baby für ein gesundes Wachstum benötigt. Fisch, vor allem fettreiche Sorten enthalten essentielle Omega-3-Fettsäuren, Seefisch außerdem zusätzlich Jod. Geben Sie im Wechsel 2–3-mal pro Woche Fleisch/Eigelb und 1–2-mal pro Woche Fisch.

Der Gemüse-Kartoffel/Getreide-Fleisch/Fisch/Ei-Brei

Schritt 1: Gemüsebrei

- Eine Gemüsesorte (Pastinaken, Kürbis oder Zucchini) Menge nach und nach steigern.
- Nach 3–5 Tagen 1 TL Pflanzenöl dazugeben.

Schritt 2: Gemüse-Kartoffel/Getreide-Brei

- 80–100 g Gemüse
- 1 kleine Pellkartoffel oder 15 g Getreideflocken plus 100 ml Wasser
- 1–2 TL Pflanzenöl (oder anteilig 1 TL Nussmus) hinzufügen.
- 1–2 EL Vitamin-C-haltiger Obstsaft zur besseren Eisenaufnahme; bei älteren Kindern ab dem achten Monat können Sie statt dem Obstsaft auch einen Schnitz frisches Obst mit dem Gemüse pürieren.

Schritt 3: Gemüse-Kartoffel/Getreide-Fleisch/Fisch/Ei-Brei

- In den fertigen Gemüse-Getreide-Brei
- 20–30 g gedünstetes, püriertes Fleisch, gedünsteten, pürierten Fisch oder gegartes Eigelb geben.

Der vegetarische Gemüse-Getreide-Brei

Vegetarische Eisenlieferanten: Hirse, Hafer, grüne Erbsen, Rote Bete, Pastinaken, Brokkoli, Kürbis, Aprikosen und alle Beerenfrüchte, vor allem Himbeeren

Schritt 1: Gemüsebrei

- Eine Gemüsesorte (Pastinake, Kürbis oder Zucchini) Menge nach und nach steigern.
- Nach 3–5 Tagen 1 TL Pflanzenöl dazugeben.

Schritt 2: Gemüse-Getreide-Brei

- 80–100 g eisenreiches Gemüse, z. B. Erbsen, Pastinaken, Brokkoli
- 15 g eisenreiche Getreideflocken, z. B. Hirse oder Hafer plus 100 ml Wasser
- 1–2 TL Pflanzenöl (oder anteilig 1 TL Nussmus) hinzufügen.
- 1–2 EL Vitamin-C-haltiger Obstsaft zur besseren Eisenaufnahme

Bei älteren Kindern ab dem achten Monat können Sie statt dem Obstsaft auch einen Schnitz frisches Obst mit dem Gemüse pürieren.

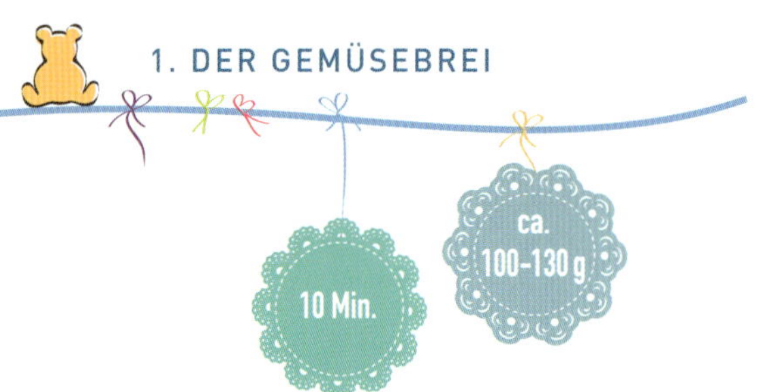

Zucchini-Brei

100 g **Zucchini**
Nach 3–5 Beikosttagen zusätzlich
1 TL **Öl**

Zucchini sind als erstes Beikostgemüse wegen ihres milden Geschmacks sehr beliebt, sie enthalten viel Flüssigkeit und wenig Faserstoffe und eignen sich daher bestens für die ersten Geschmacksversuche. Sie können Ihrem Baby diesen halbflüssigen Zucchini-Brei auch aus einer flachen Tasse zu schlürfen geben. Bevorzugt Ihr Baby den Brei fester, um ihn vom Löffel zu schlecken, dann reduzieren Sie einfach die angegebene Wassermenge. Auch durch Zugabe anderer Gemüsesorten oder Kartoffeln/Getreide wird die Konsistenz im weiteren Beikostverlauf fester werden.

1 Die Zucchini waschen, Blüten- und Stielansatz entfernen und in kleine Würfel schneiden.

2 In einen Topf geben, ca. 30 ml Wasser hinzufügen und in 3–5 Minuten weich kochen. Mit dem Stabmixer fein pürieren.

3 Unmittelbar vor dem Essen das Öl zugeben.

GEMÜSEBREI

Zucchini-, Kürbis- und Pastinakenbrei (Seite 64–69) eignet sich besonders für einen verträglichen, reizarmen Beikoststart. Wählen Sie je nach Geschmack und saisonaler Verfügbarkeit aus. Ab der zweiten Beikostwoche können Sie den Gemüsebrei dann um 50 g gekochte Kartoffeln oder 15 g Getreideflocken/-mehl plus 100 ml Wasser und 1–2 Esslöffel frisch gepressten Saft (nach Verträglichkeit) ergänzen. Ab der dritten Beikostwoche kommen optional 20–30 g weich gekochtes und fein püriertes Fleisch, gegarter, fein pürierter Fisch oder gegartes Eigelb hinzu.

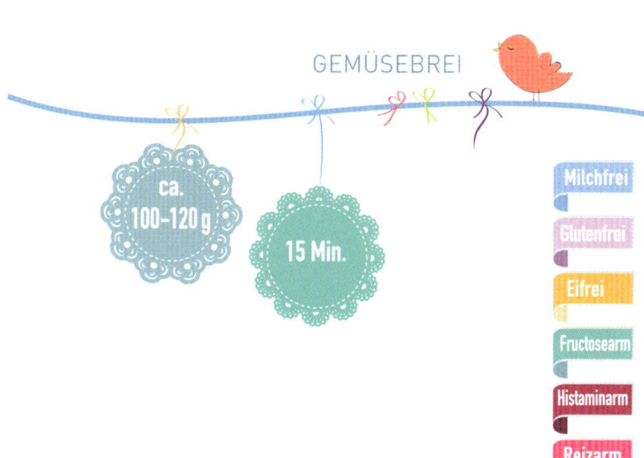

Kürbis-Brei

50 g **Hokkaido-Kürbis**
Nach 3–5 Beikosttagen zusätzlich
1 TL **Öl**

1 Den Kürbis waschen und abbürsten bzw. schälen und in kleine Stücke schneiden.

2 In einen Topf geben, ca. 50–70 ml Wasser hinzufügen und in 10 Minuten weich kochen. Mit dem Stabmixer fein pürieren.

3 Unmittelbar vor dem Essen das Öl zugeben.

Kürbis schmeckt fein süßlich und kommt darum bei kleinen Schleckermäulern sehr gut an. Reagiert Ihr Baby darauf mit festerem Stuhl, ersetzen Sie die Hälfte des Kürbis durch Pastinake oder später durch andere stuhlauflockernde Gemüsesorten wie Fenchel oder Erbsen.

Pastinaken-Brei

50 g **Pastinake**
Nach 3–5 Beikosttagen zusätzlich
1 TL **Öl**

Pastinaken schmecken süß-würzig und sind gut verträglich. Sie enthalten reichlich Eisen und sind im Gegensatz zu Karotten nicht stopfend und auch nitratarm.

1 Die Pastinake waschen, schälen und in feine Scheiben schneiden.

2 In einen Topf geben, ca. 50 ml Wasser hinzufügen und in 10 Minuten weich kochen. Mit dem Stabmixer fein pürieren.

3 Unmittelbar vor dem Essen das Öl zugeben.

Milchfrei
Glutenfrei
Eifrei
Fructosearm
Histaminarm
Reizarm

Brokkoli-Kartoffel-Brei

1	**kleine Kartoffel (ca. 50 g)**
100 g	**Brokkoli**
2 TL	**Öl**
1–2 EL	**Obstsaft (Apfel- oder Orangensaft), vorzugsweise frisch gepresst**

Entgegen der verbreiteten Meinung schmeckt Brokkoli vielen Babys und Kindern sehr gut. Außerdem liefert er kuhmilchfreiernährten Babys einen Teil des notwendigen Calciums. Bevorzugt Ihr Kleines eher süßeren Geschmack, so ersetzen Sie einen Teil des Brokkolis durch Pastinake.

1. Die Kartoffel mit Wasser bedeckt in 15 Minuten (Garzeit nach Sorte und Größe) gar kochen.
2. Den Brokkoli unter kaltem Wasser abbrausen und trocken tupfen. Die Röschen vom Strunk befreien und mit 30 ml Wasser in einem kleinen Topf zum Kochen bringen. Bei schwacher Hitze 10–15 Minuten weich garen. Mit dem Stabmixer fein pürieren.
3. Die Kartoffel schälen, mit einer Gabel zerdrücken und zum Brokkoli geben. Vor dem Essen das Öl und den Saft zugeben.

GEMÜSE-KARTOFFEL/GETREIDE-BREI

Diese Breie (Seite 70–81) eignen sich durch ihre gleichmäßige Konsistenz besonders für die ersten 2–3 Beikostmonate. Nach Wunsch können Sie sie durch Fleisch, Fisch oder Eigelb erweitern. Selbstverständlich können Sie die einzelnen Gemüsesorten bei Verträglichkeit auch beliebig miteinander austauschen oder kombinieren. Möchten Sie Ihr Baby ausschließlich vegetarisch ernähren, verwenden Sie möglichst häufig die eisenreiche Hirse. **Die Kartoffeln und das Getreide können Sie nach und nach durch kleine Mengen glutenhaltiges Getreide wie Instant-Weizen- oder Dinkelflocken/-mehl oder Vollkornnudeln ersetzen.**

Blumenkohl-Reis-Brei

20 g	**(2 EL) Naturreis**
100 g	**Blumenkohl**
2 TL	**Öl**
1–2 EL	**Obstsaft (Apfel- oder Orangensaft), vorzugsweise frisch gepresst**

1 Den Reis in 50 ml ungesalzenem Wasser 30 Minuten gar kochen.

2 Den Blumenkohl unter kaltem Wasser sorgfältig abbrausen und trocken tupfen. Die äußeren Blätter entfernen und in kleine Röschen teilen. Mit 50 ml Wasser in einem kleinen Topf zum Kochen bringen. Bei schwacher Hitze 15–20 Minuten weich garen.

3 Den gekochten Blumenkohl und den Reis mit dem Stabmixer fein pürieren.

4 Vor dem Essen das Öl und den Saft zugeben.

Blumenkohl ist besonders mild im Geschmack und sehr gut verträglich. Ältere Babys ab dem 9. Monat freuen sich über ein paar unpürierte Blumenkohlröschen und Reiskörner im Brei.

Möchten Sie auf die lange Garzeit des Naturreis verzichten, können Sie anstelle der ganzen Körner auch Instant-Reisflocken/-mehl verwenden. Rühren Sie dieses unter den ca. 50° C warmen Gemüsebrei und fügen Sie zusätzlich 75 ml abgekochtes Wasser zum Ausquellen hinzu.

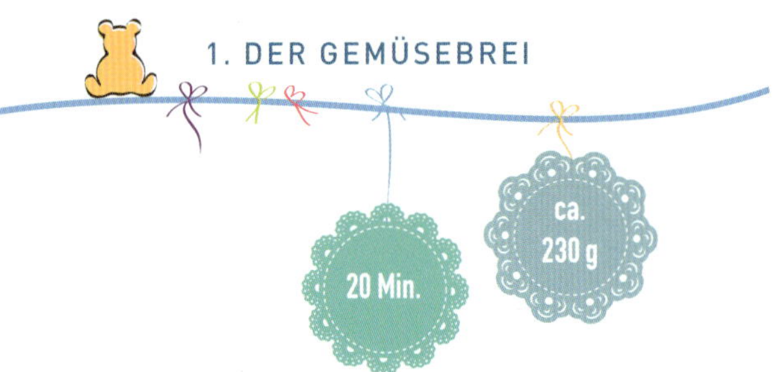

Pastinaken-Hirse-Brei

100 g Pastinake
15 g Instant-Hirseflocken/-mehl
2 TL Öl
1–2 EL Obstsaft (Apfel- oder Orangensaft), vorzugsweise frisch gepresst

Dieser Brei eignet sich besonders für die vegetarische Beikost-Ernährung, da er viel wichtiges Eisen enthält. Außerdem ist er durch die Hirse frei von Gluten. Ab dem 9. Monat freut sich Ihr Baby auch über ganze gekochte Hirsekörner anstelle der Instant-Flocken (Zubereitung siehe Rezept S. 78)

1 Die Pastinake waschen, schälen und in schmale Scheiben schneiden. Zusammen mit 100 ml Wasser in einen Topf geben und in 10 Minuten gar kochen. Mit dem Stabmixer fein pürieren.

2 Den Brei auf ca. 50 °C abkühlen lassen, dann die Hirseflocken einrühren.

3 Vor dem Essen das Öl und den Saft zugeben.

Kürbis-Polenta

100 g	**Hokkaido-Kürbis**
15 g	**(ca. 1 EL) feiner Maisgrieß**
2 TL	**Öl**
1–2 EL	**Obstsaft (Apfel- oder Orangensaft), vorzugsweise frisch gepresst**

1 Den Kürbis waschen und abbürsten bzw. schälen und in kleine Stücke schneiden.

2 Zusammen mit dem Maisgrieß und 100 ml Wasser in einem kleinen Topf aufkochen lassen und ca. 15 Minuten auf niedrigster Stufe garen. Dabei öfter umrühren. Mit dem Stabmixer fein pürieren.

3 Vor dem Essen das Öl und den Saft zugeben.

Maisgrieß ist sehr nahrhaft, leicht verdaulich und glutenfrei. Achten Sie auf frischen Grieß, ist er älter, wird er leicht bitter. Reagiert Ihr Baby darauf mit festerem Stuhl, ersetzen Sie die Hälfte des Kürbis durch Pastinake oder später durch andere stuhlauflockernde Gemüsesorten wie Fenchel oder Erbsen.

Milchfrei
Glutenfrei
Eifrei
Fructosearm
Histaminarm
Reizarm

Fenchel-Hirse-Brei

Hirse punktet aufgrund des Eisengehaltes bei der fleischlosen Ernährung und ist frei von Gluten. Fenchel enthält viele Vitamine und Mineralstoffe, insbesondere relevante Mengen an knochenaufbauendem Calcium. Aufgrund seiner Fasern kann er die Verdauung anregen und den Stuhlgang fördern. Zeigt Ihr Baby Abneigung gegen den faserigen Brei, streichen Sie ihn einfach vor dem Servieren durch ein feines Sieb.

Um die lange Garzeit der Hirse zu vermeiden, rühren Sie anstelle der ganzen Körner einfach Instant-Hirseflocken oder -mehl unter den ca. 50° C warmen Gemüsebrei und fügen zusätzlich 75 ml abgekochtes Wasser zum Ausquellen hinzu.

20 g **(ca. 2 EL) feinkörnige Hirse**
100 g **Fenchel**
2 TL **Öl**
1–2 EL **Obstsaft (Apfel- oder Orangensaft), vorzugsweise frisch gepresst**

1 Die Hirse in einem feinmaschigen Sieb unter heißem Wasser waschen. Die Körner mit kochendem Wasser überbrühen und dieses Wasser abgießen. Mit 50 ml frischem Wasser aufkochen lassen und ca. 10–15 Minuten auf niedrigster Stufe garen. Dabei öfter umrühren. Anschließend noch 20–30 Minuten ausquellen lassen.

2 Den Fenchel waschen, die äußeren Blätter und den Strunk in der Mitte entfernen. Den Rest in kleine Stücke schneiden.

3 Die Fenchelstückchen mit 30 ml Wasser in einem kleinen Topf zum Kochen bringen. Bei schwacher Hitze 15–20 Minuten weich garen. Mit dem Stabmixer fein pürieren. Evtl. durch ein Sieb streichen.

4 Die gekochte Hirse unter den Fenchelbrei rühren, evtl. noch einmal fein pürieren.

5 Vor dem Essen das Öl und den Saft zugeben.

Erbsen-Hafer-Brei

100 g	**frische oder TK-Erbsen**
20 g	**Instant-Haferflocken/-mehl**
2 TL	**Öl**
1–2 EL	**Obstsaft (Apfel- oder Orangensaft), vorzugsweise frisch gepresst**

1 Die Erbsen in 100 ml Wasser 10 Minuten auf mittlerer Stufe weich garen. Mit dem Stabmixer fein pürieren. Auf ca. 50° C abkühlen lassen und die Haferflocken einrühren.

2 Vor dem Essen das Öl und den Saft zugeben.

Ein sehr empfehlenswerter Brei für die vegetarische Beikosternährung ab dem 8. Monat. Hafer und Erbsen sorgen für reichlich Eisen und Vitamin B_2 und punkten durch ihren leicht süßlichen Geschmack. Ab dem 9. Lebensmonat können Sie auch immer mehr ganze Erbsen im Brei lassen. Die unterschiedliche Konsistenz ermöglicht Ihrem Baby neue Eindrücke. In manchen Fällen können Erbsen zu Unverträglichkeiten wie Blähungen oder Bauchschmerzen führen. Beobachten Sie die Reaktionen Ihres Babys und geben Sie den Brei nach ein paar Wochen erneut. Anstelle der Instantflocken können Sie auch ganze Haferflocken verwenden. Diese müssen allerdings zusammen mit den Erbsen und dem Wasser weich gekocht werden.

25 Min.

ca. 230 g

Milchfrei
Glutenfrei
Eifrei
Fructosearm
Histaminarm
Reizarm

Pastinaken-Kartoffel-Kalbfleisch-Brei

1 kleine Kartoffel (ca. 50 g)
30 g magerer Kalbstafelspitz
100 g Pastinake
2 TL Öl
1–2 EL Obstsaft (Apfel- oder Orangensaft), vorzugsweise frisch gepresst

Pastinaken wie auch Kalbfleisch sind hervorragende Nährstofflieferanten und in der Beikostzeit sehr beliebt. Als Alternative zu den Kartoffeln können Sie auch gekochten Naturreis oder ab dem 8. Monat in zunehmender Menge Vollkornnudeln oder glutenhaltige Getreideprodukte verwenden. Ab dem 9. Monat freut sich Ihr Baby auch über etwas mehr Konsistenz und entsprechend unpürierte Stückchen im Brei.

1 Die Kartoffel mit Wasser bedeckt in 15 Minuten (Garzeit nach Sorte und Größe) gar kochen.

2 Das Fleisch in kleine Würfel schneiden. Die Pastinake waschen, schälen und in kleine Würfel schneiden. Zusammen mit den Fleischstückchen in 30 ml Wasser 10 Minuten auf mittlerer Stufe garen. Mit dem Stabmixer fein pürieren.

3 Die Kartoffel schälen, mit einer Gabel zerdrücken und zum Pastinaken-Fleisch-Brei geben.

4 Vor dem Essen das Öl und den Saft zugeben.

GEMÜSE-KARTOFFEL/GETREIDE-FLEISCH/FISCH/EI-BREI

Dieser **erweiterte Gemüsebrei** wird ab dem 5.–6. Monat eingeführt, wenn die Eisenspeicher des Babys langsam leer werden. Zu Beginn ist es ratsam, nur ein bis zwei Sorten Fleisch, zum Beispiel Kalb- und Lammfleisch, zu nehmen. Ab und zu kann auch ein wenig Eigelb die Fleischzugabe ersetzen. Der Fleischbrei wird im Wechsel mit Fisch und vegetarischem Brei 2–3-mal pro Woche gegeben. Als Fisch empfehle ich in den ersten Beikostwochen Lachs aus biologischer Aquakultur. Er liefert wertvolle essentielle Fettsäuren und trägt so besonders zu einer guten Entwicklung bei.

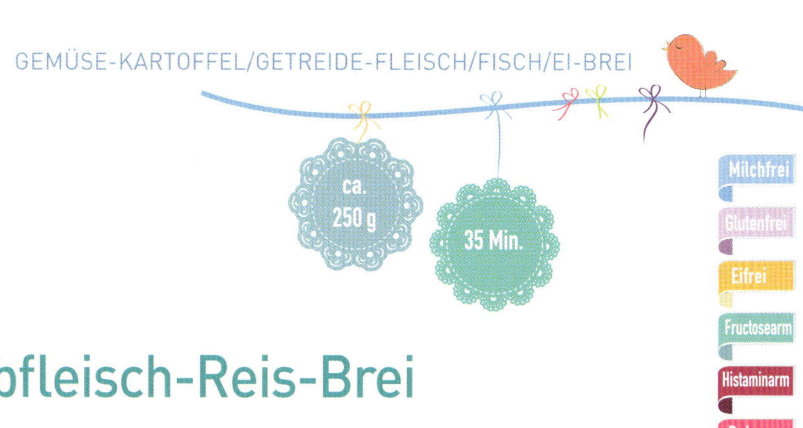

Kürbis-Kalbfleisch-Reis-Brei

20 g (2 EL) Naturreis
100 g Hokkaido-Kürbis
30 g mageres Kalbsschnitzel
2 TL Öl
1–2 EL Obstsaft (Apfel- oder Orangensaft), vorzugsweise frisch gepresst

1 Den Reis in 50 ml ungesalzenem Wasser 30 Minuten gar kochen.

2 Den Hokkaido-Kürbis waschen, schälen und in kleine Würfel schneiden. Das Kalbfleisch unter kaltem Wasser abbrausen, trocken tupfen, in kleine Stücke schneiden und zusammen mit dem Kürbis in 30 ml Wasser 10 Minuten weich garen.

3 Den Reis, den Kürbis und das Fleisch mit dem Stabmixer fein pürieren.

4 Vor dem Essen das Öl und den Saft zugeben.

Ein leckeres Herbst-Winter-Gericht! Als Alternative zum Naturreis können Sie ab dem 8. Monat auch in zunehmender Menge Vollkornnudeln oder andere glutenhaltige Getreideprodukte verwenden. Ab dem 9. Monat freut sich Ihr Baby auch über etwas mehr Konsistenz und entsprechend unpürierte Stückchen im Brei.

Um die lange Garzeit des Naturreis zu vermeiden, rühren Sie anstelle der ganzen Körner einfach Instant-Reisflocken oder -mehl unter den ca. 50° C warmen Gemüse-Fleisch-Brei und fügen zusätzlich 75 ml abgekochtes Wasser zum Ausquellen hinzu.

Milchfrei
Glutenfrei
Eifrei
Fructosearm
Histaminarm
Reizarm

Blumenkohl-Hirse-Lachs-Brei

Blumenkohl ist besonders mild im Geschmack und sehr gut verträglich. Nach und nach können Sie einen Teil der Hirse durch kleine Mengen Hafermehl oder ab dem 8. Monat durch gekochte Vollkornnudeln oder andere glutenhaltige Getreideprodukte ersetzen. Ältere Babys ab dem 9. Monat freuen sich über ein paar unpürierte Blumenkohlröschen und Hirsekörner im Brei.

Um die lange Garzeit der Hirse zu vermeiden, rühren Sie anstelle der ganzen Körner einfach Instant-Hirseflocken oder -mehl unter den ca. 50° C warmen Gemüsebrei und fügen zusätzlich 75 ml abgekochtes Wasser zum Ausquellen hinzu.

20 g **(ca. 2 EL) feinkörnige Hirse**
30 g **Lachs**
100 g **Blumenkohl**
2 TL **Öl**
1–2 EL **Obstsaft (Apfel- oder Orangensaft), vorzugsweise frisch gepresst**

1 Die Hirse in einem feinmaschigen Sieb unter heißem Wasser waschen. Die Körner mit kochendem Wasser überbrühen und dieses Wasser abgießen. Mit 50 ml frischem Wasser aufkochen lassen und ca. 10–15 Minuten auf niedrigster Stufe garen. Dabei öfter umrühren. Anschließend noch 20–30 Minuten ausquellen lassen.

2 Den Lachs unter kaltem Wasser abbrausen, trocken tupfen und mit einem scharfen Messer in kleine Würfel schneiden.

3 Den Blumenkohl unter kaltem Wasser sorgfältig abbrausen. Die äußeren Blätter entfernen und in kleine Röschen teilen. Zusammen mit den Lachswürfeln und 30 ml Wasser in einem kleinen Topf zum Kochen bringen. Bei schwacher Hitze 15–20 Minuten weich garen. Die Hirsekörner zugeben und alles mit dem Stabmixer fein pürieren.

4 Vor dem Essen das Öl und den Saft zugeben.

ca. 270 g

25 Min.

Milchfrei

Eifrei

Fructosearm

Histaminarm

Reizarm

Karotten-Couscous-Seelachs-Brei

20 g	**(2 EL) Couscous aus Hartweizen**
100 g	**Karotte**
30 g	**Seelachsfilet ohne Gräten**
2 TL	**Öl**
1–2 EL	**Obstsaft (Apfel- oder Orangensaft), vorzugsweise frisch gepresst**

1 Den Couscous mit 50 ml kochendem Wasser übergießen und ohne Kochen gar ziehen lassen.

2 Die Karotte waschen, schälen und in kleine Würfel schneiden.

3 Den Seelachs zusammen mit den Karottenwürfeln in 50 ml Wasser in einem kleinen Topf zum Kochen bringen. Bei schwacher Hitze 15 Minuten weich garen und mit dem Stabmixer pürieren. Den garen Couscous locker unterheben.

4 Unmittelbar vor dem Essen das Öl und den Saft hinzufügen.

Karotten sind bei vielen Babys beliebt, da sie gekocht einen leicht süßlichen Geschmack haben. Sie liefern außerdem eine Menge zellschützendes Carotin. Neigt Ihr Baby zu festem Stuhl oder gar Verstopfung, ersetzen Sie einen Teil der Karotte durch Pastinake. Seelachs liefert wichtiges Jod, das Ihr Baby für eine gesunde Entwicklung benötigt. Couscous ist durch seine feine Körnung besonders bei älteren Babys ab dem 9. Lebensmonat beliebt. Bis zum 8. Monat sollten Sie ihn aufgrund des Glutengehaltes nur in geringer, steigender Menge zusammen mit glutenfreier Hirse oder Reis geben. Bevorzugt Ihr Kleines einen homogenen Brei, können Sie die Körner auch zusammen mit den anderen Zutaten pürieren.

Spinat-Kartoffel-Ei-Brei

1	**kleine Kartoffel (ca. 50 g)**
100 g	**frischer Blattspinat**
1	**Eigelb**
2 TL	**Öl**
1–2 EL	**Obstsaft (Apfel- oder Orangensaft), vorzugsweise frisch gepresst**

Frischer Spinat während der Saison geerntet ist ein beliebtes Beikostgemüse und nicht nur Babys schätzen die klassische Kombination mit Kartoffeln und Ei. Da er manchmal auch zu Unverträglichkeitsreaktionen führen kann, sollten Sie die ersten Versuche beobachten. Aufgrund des Nitratgehaltes darf Spinat nicht wiedererwärmt werden.

1 Die Kartoffel mit Wasser bedeckt in 15 Minuten (Garzeit nach Sorte und Größe) gar kochen.

2 Den Blattspinat unter kaltem Wasser kurz abbrausen und trocken tupfen. Die Blätter von den gröberen Stängeln befreien und zusammen mit 30 ml Wasser und dem Eigelb in einem kleinen Topf zum Kochen bringen. Bei niedriger Hitze 5–7 Minuten weich garen. Mit dem Stabmixer fein pürieren.

3 Die Kartoffel schälen, mit einer Gabel zerdrücken und zum Brei geben.

4 Vor dem Essen das Öl und den Saft zugeben.

2. Der Milchbrei

Für den **Milch-Getreide-Brei** wählen Sie frische **Vollmilch,** am besten Bio- oder **demeter**-Qualität. Diese ist vor allem durch eine günstige Fettstruktur besonders optimal für Ihr Baby. Fettarme Milch, ESL- oder H-Milch sind für eine vollwertige Ernährung nicht geeignet. Möchten Sie Vorzugs- oder Rohmilch verwenden, sollten Sie diese zum Schutz der Gesundheit Ihres Kindes immer einmal kurz auf mindestens 75° C erhitzen.

Vollmilch anfangs halb/halb mit frischem Wasser verdünnen

Anfangs wird die Vollmilch halb/halb mit frischem Wasser verdünnt, das erleichtert es Ihrem Baby, den Brei zu verdauen, und es gewöhnt sich sanfter an den Milchbrei. Innerhalb von ein bis zwei Wochen können Sie dann den Wasseranteil reduzieren und den Milchanteil entsprechend erhöhen, sodass Ihr Baby einen ausreichend gehaltvollen Brei bekommt.

Vollmilch mit Getreide ergänzen

Ergänzt wird die Vollmilch durch 25–30 g **Getreide.** Dies kann Instant-Getreidepulver oder -mehl sein, aber auch Hafer- oder Dinkelflocken, Polenta, Reis oder Grieß sind geeignet. Wichtig ist in jedem Fall, dass das Getreide ausreichend weich gekocht ist, denn rohes Getreide verträgt Ihr Kind erst im Laufe des zweiten Lebensjahres.
Vor dem 8. Monat sollten Sie bevorzugt **glutenfreies Getreide wie Reis oder Hirse** verwenden und nach und nach durch steigende Mengen glutenhaltiges Getreide ersetzen.

Ab dem 8. Monat mit frischem püriertem oder geriebenem Obst erweitern

Erweitern Sie den Brei nach 3–4 Wochen um ein wenig **Obstmus,** ab dem 8. Monat auch durch frisch püriertes oder geriebenes Obst. Dies sorgt für geschmackliche Abwechslung und zusätzliche Vitamine.
In manchen Fällen kann es hilfreich sein, den Milchbrei im Laufe des Nachmittags einzuführen, so vermeiden Sie belastende Verdauungsarbeit, die den Schlaf Ihres Kleinen stören kann. Irrtümlicherweise meinen viele Mütter, ihr Kind würde nach einer reichhaltigen Abendmahlzeit besser und länger durchschlafen. Das Gegenteil ist jedoch meist der Fall, denn zu viel Essen im Magen führt schnell zu Bauchschmerzen und Blähungen. Lassen Sie deshalb Ihr Kind entscheiden, wie viel es essen möchte.

Bemerken Sie bei der Einführung des Milchbreis neu auftretende Unverträglichkeiten oder eine Verschlimmerung bestehender Hautbeschwerden, so sollten Sie diese mit Ihrem Kinderarzt besprechen und bei Bedarf geeignete Alternativen zur Kuhmilch geben (siehe dazu auch Kapitel „Nahrungsmittelallergien" ab Seite 37). **Achtung!**

Der Milch-Getreide-Brei

Schritt 1: Halbmilch-Getreide-Brei

- 100 ml Vollmilch 3,5% Fett
- 100 ml Wasser
- 25 g (4–5 EL) Instant-Getreideflocken/-mehl

1. Die Milch und das Wasser zusammen aufkochen und auf ca. 50° C abkühlen lassen.
2. Das Getreide einrühren und auf Esstemperatur abkühlen lassen. Den Milchanteil täglich steigern.
   Nach dem 6. Lebensmonat können Sie auf das Aufkochen der Flüssigkeit verzichten.

Schritt 2: Vollmilch-Getreide-Brei

- 200 ml Vollmilch 3,5% Fett
- 25 g (4–5 EL) Instant-Getreideflocken/mehl
- Nach 3–4 Wochen zusätzlich 2 EL Obstmus

1. Die Milch auf ca. 50° C erhitzen.
2. Das Getreide einrühren und auf Esstemperatur abkühlen lassen.
3. Das Obstmus hinzufügen.

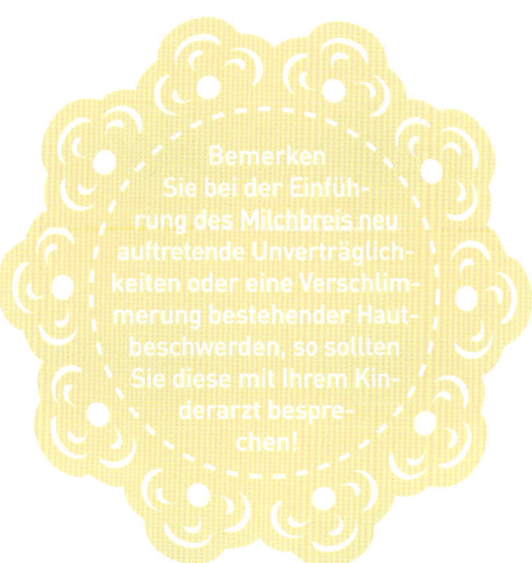

Milch-Hirse-Aprikosen-Brei

1	**reife Aprikose**
200 ml	**Vollmilch 3,5% Fett**
25 g	**(4–5 EL) Instant-Hirseflocken/-mehl**

1 Die Aprikose waschen, entkernen, evtl. weich garen und mit einer Gabel fein zerdrücken.

2 Die Milch auf ca. 50° C erhitzen. Das Hirsepulver einrühren und auf Esstemperatur abkühlen lassen.

3 Das Aprikosenmus hinzufügen.

Aprikose ist gut verträglich, wirkt stuhlauflockernd und ist wie Hirse reich an wertvollem Eisen. Ab dem 8. Lebensmonat können Sie sie roh zerdrückt in den Brei geben. Nach und nach können Sie die Hirse durch kleine Mengen glutenhaltiges Getreide, z. B. Dinkel, ersetzen.

Bananen-Polenta

20 g	**Maisgrieß (Polenta)**
200 ml	**Vollmilch 3,5% Fett**
50 g	**Banane**

Ein feiner süßer Brei, der auch größeren Kindern sehr gut schmeckt. Sollten Sie Banane zum ersten Mal geben, achten Sie auf eventuell mögliche Reaktionen. Nach und nach können Sie den Maisgrieß durch kleine Mengen glutenhaltiges Getreide, z. B. Dinkel, ersetzen.

1 Den Grieß in der Milch aufkochen und 10 Minuten quellen lassen. Dabei gelegentlich umrühren.

2 Die Banane schälen und mit der Gabel fein zerdrücken bzw. in mundgerechte Stückchen schneiden.

3 Die Banane unter die Polenta rühren.

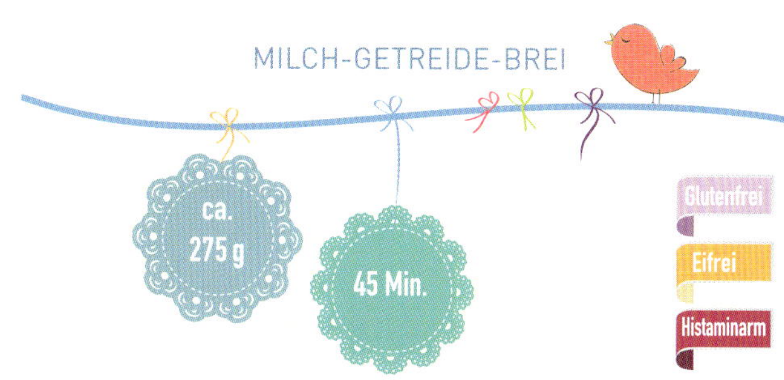

Birnen-Milchreis

25 g **rundkörniger Naturreis**
200 ml **Vollmilch 3,5% Fett**
50 g **reife Birne**

1 Den Reis mit der Vollmilch aufkochen lassen und ca. 30 Minuten auf niedrigster Stufe garen. Dabei öfter umrühren, damit nichts am Topfboden anbrennt.

2 Die Birne waschen, schälen, in kleine Stücke schneiden und zum Milchreis geben. Alles zusammen weitere 10 Minuten garen lassen. Den Milchreis pürieren und auf Esstemperatur abkühlen lassen.

Beim Naturreis sind noch alle wertvollen Inhaltsstoffe in der Schale enthalten. Der Birnen-Milchreis ist auch ein leckerer Nachtisch für die Großen der Familie und lohnt sich deshalb gleich in größerer Menge zubereitet zu werden. Ist Ihnen die Kochdauer des Naturreis zu lange, können Sie ihn selbstverständlich auch durch 4–5 EL Instant-Reispulver/-mehl ersetzen. Ab dem 8. Lebensmonat können Sie die Birne roh gerieben in den Brei geben. Sollten Sie Birne zum ersten Mal geben, achten Sie auf eventuell mögliche Reaktionen. Ab dem 9. Monat freut sich Ihr Baby über ein paar ganze Reiskörner im Brei. Nach und nach können Sie den Reis durch kleine Mengen glutenhaltiges Getreide, z. B. Dinkel, ersetzen.

Milch-Dinkel-Brombeer-Brei

50 g	**Brombeeren**
30 g	**Dinkelvollkorngrieß**
200 ml	**Vollmilch 3,5% Fett**

Ein leckerer Brei, der sowohl mit frischen als auch mit tiefgekühlten Beeren zubereitet werden kann.
Brombeeren enthalten eine Menge wertvoller Inhaltsstoffe, vor allem viel Eisen.
Ab dem 8. Lebensmonat können Sie frische Früchte auch roh zerdrückt geben.

1 Die Brombeeren waschen und putzen und in mundgerechte Stücke schneiden.

2 Den Grieß in der Milch aufkochen und 10 Minuten quellen lassen. Dabei gelegentlich umrühren.

3 Die Brombeerstückchen die letzten 5 Minuten im Grießbrei ziehen lassen, evtl. vor dem Verzehr mit dem Stabmixer fein pürieren.

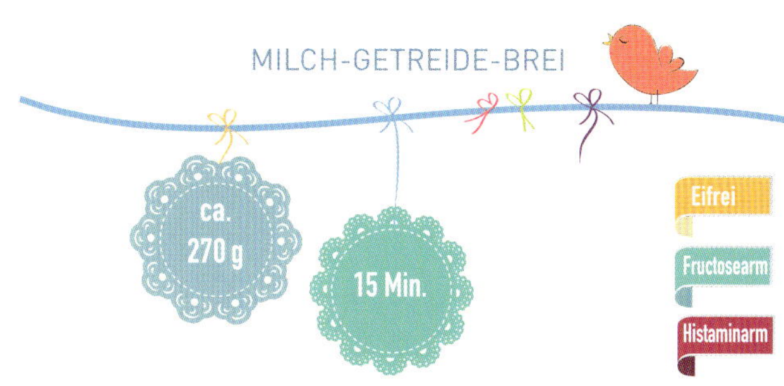

Pflaumen-Hafer-Milchbrei

50 g **reife Pflaume**
20 g **zart schmelzende Haferflocken**
200 ml **Vollmilch 3,5% Fett**

1 Die Pflaume waschen, entkernen und in kleine Stücke schneiden.

2 Die Pflaumenstücke mit den Haferflocken in der Milch aufkochen lassen und 10 Minuten im geschlossenen Topf ausquellen lassen.

3 Vor dem Servieren alles mit einer Gabel gut verrühren, evtl. mit dem Stabmixer pürieren.

Haferflocken sind sehr nahrhaft und reich an Eisen. Die zart schmelzende Variante muss nur einmal kurz aufgekocht werden und ein paar Minuten ausquellen. Ab dem 9. Monat freut sich Ihr Baby über ein paar ganze Haferflocken im Brei. Geben Sie Pflaume zum ersten Mal, beobachten Sie die Reaktionen Ihres Babys. Ab dem 8. Lebensmonat können Sie die Pflaume roh zerdrückt in den Brei geben, evtl. müssen Sie aber die harte Schale vorher entfernen.

3. Der Obstbrei

Der milchfreie **Obst- Getreide-Brei** am Nachmittag rundet das Beikostangebot als dritter Brei ab. Er kommt bei allen Babys gut an, schmeckt er doch durch die natürliche Süße besonders lecker. Hier können Sie ganz nach saisonaler Verfügbarkeit für reichlich Abwechslung sorgen. Beliebt sind milde Apfelsorten, Birnen, Aprikosen, Pfirsiche, Beerenfrüchte oder Bananen. Exotische Früchte wie Kiwi, Ananas oder Zitrusfrüchte können zu wundem Po und Hautreizungen führen, probieren Sie diese zuerst in kleinen Mengen aus. Das Gleiche gilt auch für Erdbeeren, diese können Histamin freisetzen, sind allerdings in normalen Mengen (max. 100 g/Tag) gut verträglich. Achten Sie bei allen Obstsorten generell auf ungespritzte Ware, am besten aus kontrolliert biologischem Anbau!

Die Mengenangaben sind für eine Portion berechnet, Sie können aber auch gut auf Vorrat mehr kochen und die Reste 3 Tage im Kühlschrank aufbewahren bzw. bis zu 6 Monaten einfrieren.

Für den Obstbrei wählen Sie 100 g frisches mildes Obst wie Apfel, Birne oder Aprikose, welches nach 3–5 Beikosttagen schrittweise wieder ergänzt wird durch einen Teelöffel **Butter, Nussmus** oder **natives Pflanzenöl** und ab der zweiten Woche um 10–15 g **Getreideflocken,** gelegentlich auch etwas Zwieback oder ungesüßten Babykeks. Bis zum 8. Monat sollten Sie bevorzugt glutenfreies Getreide wie Reis oder Hirse verwenden und nach und nach durch kleine Mengen glutenhaltiges Getreide ersetzen. Möchten Sie Ihr Baby ausschließlich vegetarisch ernähren, verwenden Sie möglichst häufig die eisenreiche Hirse oder Hafer.

Zunächst wird der Obstbrei noch gekocht, ab dem 8. Monat können Sie das Obst in roher Form püriert oder fein gerieben geben. Grundsätzlich sollten Sie alle Obstsorten nach und nach in steigender Menge auf ihre Verträglichkeit austesten. Selbstverständlich können Sie die einzelnen Obstsorten bei Verträglichkeit auch beliebig miteinander austauschen oder kombinieren.

Der Obst-Getreide-Brei

Schritt 1: Obstbrei

- 100 g frisches Obst der Saison, Menge nach und nach steigern.
- Nach 3–5 Tagen 1 TL Butter, Nussmus oder Pflanzenöl dazugeben.

Schritt 2: Obst-Getreide-Brei

- 10–15 g (2–3 EL) Getreide, Zwieback oder Babykeks (ungesüßt)
- 50–100 ml Wasser
- Obst zunächst gar kochen und fein pürieren, ab dem 8. Monat auch roh gerieben oder zerdrückt geben.

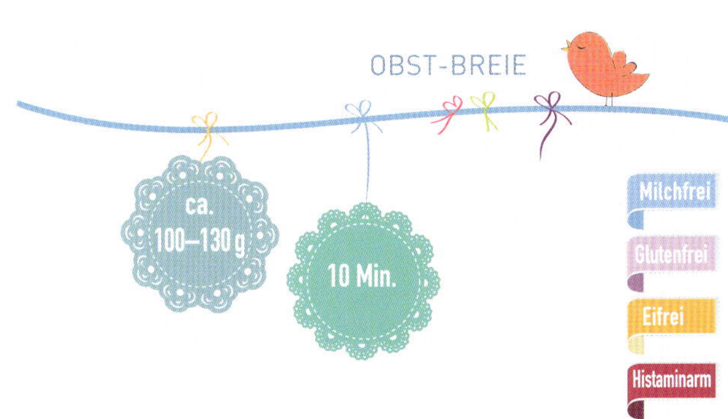

Milchfrei

Glutenfrei

Eifrei

Histaminarm

Apfelmus

100 g	**Apfel**
30 ml	**Wasser**
	Nach 3–5 Beikosttagen zusätzlich
1 TL	**Butter, Nussmus oder Pflanzenöl**

Abbildung siehe Seite 4

1 Den Apfel waschen, schälen und in kleine Stücke schneiden.

2 Die Apfelstückchen im Wasser 5 Minuten gar kochen. Pürieren bzw. mit einer Gabel fein zerdrücken.

3 Vor dem Verzehr die Butterflöckchen, das Nussmus oder das Öl zugeben.

Apfelmus wirkt leicht stuhlauflockernd und ist bei Jung und Alt sehr beliebt. Bevorzugen Sie milde und heimische Sorten wie Jonagold, Elstar oder reifen Boskop.

OBST-BREIE

Die reinen Obstbreie eignen sich solo als Grundlage für den Obst-Getreide-Brei oder als Zugabe zum Milch-Getreide-Brei. Süßen Schleckermäulchen können Sie mit 1–2 EL Obstmus auch den Gemüsebrei schmackhafter machen.

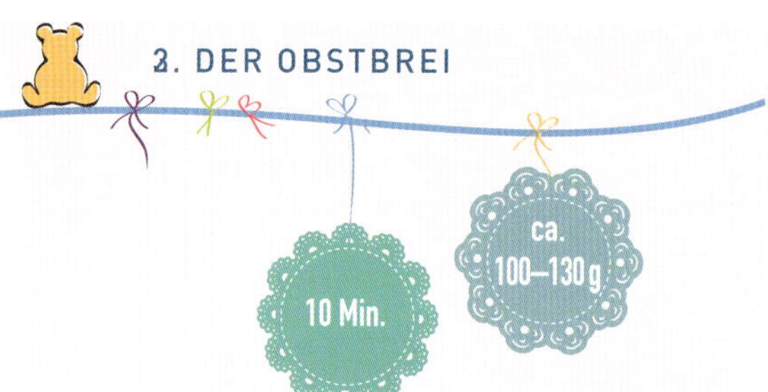

Birnenmus

100 g	**reife Birne**
30 ml	**Wasser**
	Nach 3–5 Beikosttagen zusätzlich
1 TL	**Butter, Nussmus oder Pflanzenöl**

1 Die Birne waschen, schälen und in kleine Stücke schneiden.

2 Die Birnenstückchen im Wasser 5 Minuten gar kochen. Pürieren bzw. mit einer Gabel fein zerdrücken.

3 Vor dem Verzehr die Butterflöckchen, das Nussmus oder das Öl zugeben.

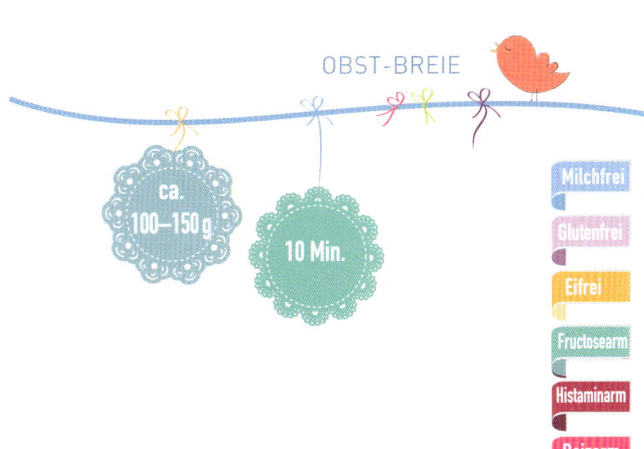

Milchfrei
Glutenfrei
Eifrei
Fructosearm
Histaminarm
Reizarm

Aprikosenmus

100 g **reife Aprikose**
50 ml **Wasser**
Nach 3–5 Beikosttagen zusätzlich
1 TL **Butter, Nussmus oder Pflanzenöl**

1 Die Aprikose waschen, entkernen und in kleine Stücke schneiden.

2 Die Aprikosenstückchen im Wasser 3–5 Minuten gar kochen, anschließend pürieren.

3 Vor dem Verzehr die Butterflöckchen, das Nussmus oder das Öl zugeben.

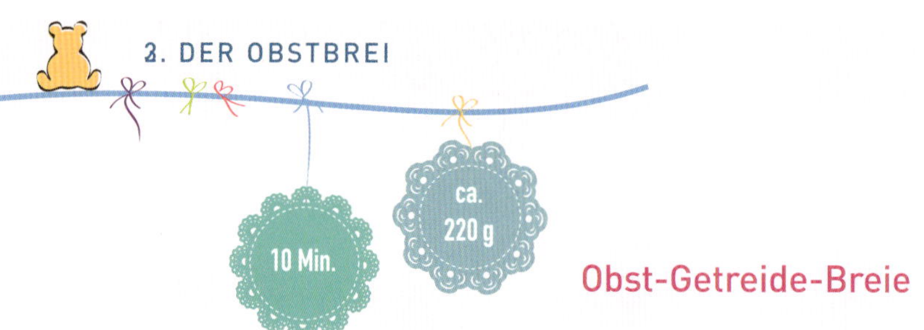

Obst-Getreide-Breie

Aprikosen-Hirse-Brei

100 g	**reife Aprikosen**
100 ml	**Wasser**
5–10 g	**Instant-Hirseflocken/-mehl**
1 TL	**Butter, Nussmus oder Pflanzenöl**

Aprikosen und Hirse liefern viel wichtiges Eisen. Nach und nach können Sie einen Teil der Hirse durch kleine Mengen glutenhaltiges Getreide ersetzen. Ab dem 8. Monat können Sie den Brei auch mit roh pürierter Aprikose zubereiten. Dann nur die Hirseflocken in 100 ml heißes Wasser einrühren und die pürierte Aprikose zugeben.

1 Die Aprikosen waschen, entkernen, in kleine Stücke schneiden und im Wasser in 3–5 Minuten gar kochen.

2 Das Obst pürieren, die Hirseflocken einrühren und auf Esstemperatur abkühlen lassen.

3 Zuletzt die Butterflöckchen, das Nussmus oder das Öl unterrühren.

Himbeer-Amaranth-Brei

Himbeeren und Amaranth liefern eine Menge wertvolles Eisen, Amaranth empfiehlt sich zudem besonders für die kuhmilchfreie Beikost. In gepuffter Form ist er überdies blitzschnell zubereitet. Nach und nach können Sie einen Teil des Amaranth durch kleine Mengen glutenhaltiges Getreide ersetzen. Verwenden Sie Himbeeren zum ersten Mal, beobachten Sie die Reaktionen Ihres Babys. Ab dem 8. Monat dürfen frische Himbeeren auch roh püriert in den Brei kommen. Nach Wunsch können Sie natürlich auch andere Beerensorten wie Brombeeren oder Erdbeeren ausprobieren.

100 g Himbeeren
3 EL Amaranth, gepufft und ungesüßt
1 TL Butter, Nussmus oder Pflanzenöl

1 Die Himbeeren waschen, verlesen und zusammen mit 75 ml Wasser 3 Minuten weich garen. Mit dem Stabmixer fein pürieren.

2 Amaranth in den heißen Obstbrei einrühren und ein paar Minuten ausquellen lassen.

3 Zuletzt die Butterflöckchen, das Nussmus oder das Öl unterrühren.

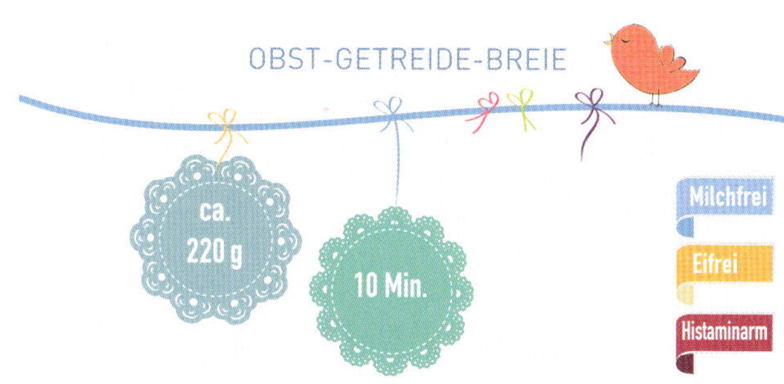

Birnen-Hafer-Brei

100 g	**reife Birne**
100 ml	**Wasser**
10–15 g	**Instant-Haferflocken/-mehl**
1 TL	**Butter, Nussmus oder Pflanzenöl**

1 Die Birne waschen, schälen, in kleine Stücke schneiden und im Wasser 5 Minuten gar kochen.

2 Das Obst noch warm pürieren, die Haferflocken einrühren und auf Esstemperatur abkühlen lassen.

3 Zuletzt die Butterflöckchen, das Nussmus oder das Öl unterrühren.

Durch die Birne wirkt dieser Brei leicht stuhlauflockernd, Hafer enthält viel Eisen.

je 10 Min.

ca. 150 g bzw. 200 g

Bananen-Zwieback-Brei

Ein gut sättigender Brei, der auch gerne mal als milchfreier Abendbrei genossen wird.

1–2 Stücke ungesüßter Zwieback
50 g Banane
1 TL Butter, Nussmus oder Pflanzenöl

1 Den Zwieback in 50 ml warmem Wasser aufweichen lassen, die Banane in Stückchen dazugeben und das Ganze pürieren.

2 Zuletzt die Butterflöckchen, das Nussmus oder das Öl unterrühren.

Pfirsich-Reis-Brei

(ohne Abbildung)

Milchfrei
Glutenfrei
Eifrei
Fructosearm
Histaminarm
Reizarm

Reiswaffeln sind äußerst beliebt für erste Knabberversuche und lassen sich schnell und einfach in Wasser gequollen für den Obst-Getreide-Brei verwenden. Selbstverständlich können Sie stattdessen auch 4–5 EL Instant-Reispulver/mehl oder gekochten Naturreis geben. Ab dem 8. Monat können Sie den Pfirsich roh zerdrückt in den Brei geben und die Reiswaffel einfach in 75 ml heißem Wasser ein paar Minuten einweichen. Nach und nach können Sie anstelle der Reiswaffel kleine Mengen glutenhaltiges Getreide, z. B. Dinkelwaffeln, oder ungesüßten Babykeks verwenden.

100 g reifer Pfirsich
1 ungesalzene Naturreis-Waffel
1 TL Butter, Nussmus oder Pflanzenöl

1 Den Pfirsich waschen, entsteinen und in kleine Stücke schneiden.

2 Die Reiswaffeln grob zerbröseln und zusammen mit den Pfirsichstücken in 75 ml Wasser etwa 3–5 Minuten weich garen.

3 Den Brei pürieren und auf Esstemperatur abkühlen lassen.

4 Zuletzt die Butterflöckchen, das Nussmus oder das Öl unterrühren.

Backrezepte

Sobald sich die ersten Zähnchen bemerkbar machen, haben viele Babys den Drang, an festen Nahrungsmitteln wie Keksen oder Waffeln zu lutschen und zu kauen. Sind die Zähnchen da, möchten die Kleinen diese auch einsetzen und knabbern begeistert an harten Keksen oder Zwieback.

Handelsübliche Backwaren enthalten zu viel Zucker und Zusatzstoffe.

Handelsübliche Backwaren enthalten häufig zu viel Zucker und überflüssige Zusatzstoffe und sind deshalb nicht für die Kleinen geeignet. In diesem Kapitel finden Sie eine Auswahl an Backrezepten, die alle sehr wenig Zucker und keine überflüssigen Zusatzstoffe enthalten. Außerdem stelle ich Ihnen sowohl glutenfreie wie auch kuhmilch- oder eifreie Keksrezepte vor. Sie können sie mit gutem Gewissen Ihrem Kind für die ersten Knabberversuche geben. Je nach Verträglichkeit finden Sie auch Tipps, die Rezepte mit anderen Zutaten abzuwandeln. Seien Sie unbesorgt, wenn Ihnen als Erwachsener die Rezepte nicht gleich munden. Für Ihr Baby sind diese ungesüßten und reizarmen Backwaren genau das Richtige.
Insbesondere bei der Verwendung glutenfreier Mehle wie Mais-, Reis- und Buchweizenmehl können die Backeigenschaften und die benötigte Flüssigkeitsmenge stark variieren – probieren Sie die Rezepte mit ihren Zutaten am besten zuerst in kleiner Menge aus. Gute Bezugsquellen für diese Zutaten – auch über den Online-Versandhandel – sind zum Beispiel die Firma **„Bauckhof":** shop.bauckhof.de oder die Firma **„Mantler-Mühle":** www.mantler-glutenfrei.at.

Backwaren sind kein Ersatz für eine ausgewogene Mahlzeit.

Hinweis: Setzen Sie die Knabbereien sinnvoll und mit Bedacht ein. Sie sind nicht geeignet zum Dauerlutschen und kein Ersatz für eine ausgewogene Mahlzeit. Geben Sie Ihrem Kind das Gebäck nicht zum Trösten oder Beruhigen – es gewöhnt sich sonst schnell daran und fordert dann bei jedem Unwohlsein süße Schleckereien ein.

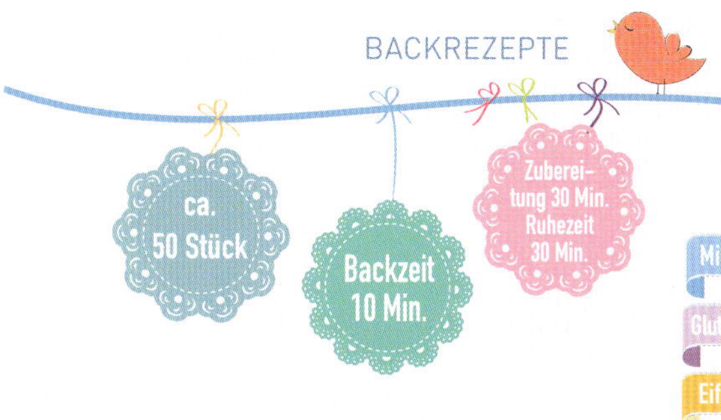

Milchfrei
Glutenfrei
Eifrei
Fructosearm

Bananen-Kinderkekse

ab dem 7. Monat

1 große reife Banane
75 ml Rapsöl
200 g Vollkornreismehl, fein gemahlen

1 Den Backofen auf 200° C (Ober-/Unterhitze) vorheizen.

2 Die Banane mit dem Stabmixer fein pürieren.

3 Das Öl und das Mehl dazugeben und alles zu einem glatten, weichen Teig verarbeiten.

4 Den Teig 30 Minuten in den Kühlschrank legen, bis er etwas fester wird.

5 Aus dem Teig eine etwa 2 cm dicke Rolle formen und ca. 0,5 cm dicke Scheiben abschneiden. Diese mit der Hand zu flachen Keksen drücken.

6 Die Kekse auf ein mit Backpapier belegtes Backblech legen.

7 Im vorgeheizten Ofen ca. 10 Minuten backen.

8 Vor dem Verzehr auf einem Kuchengitter abkühlen lassen.

Durch die natürliche Süße der Banane benötigen die Kekse keinen zusätzlichen Zucker. Ganz nach Geschmack können Sie das Reismehl teilweise oder auch ganz durch Maismehl oder bei Glutenverträglichkeit durch Dinkelmehl Type 1050 ersetzen. Evtl. benötigen Sie dann allerdings ein wenig zusätzliche Flüssigkeit, damit die Kekse nicht zu trocken werden.
Für mürbere Butterkekse können Sie das Öl bei Verträglichkeit durch weiche Butter ersetzen.
Sind die Kekse nach dem Backen noch zu hart, legen Sie sie für 1–2 Tage in eine verschlossene Dose mit einem Schnitz Apfel.

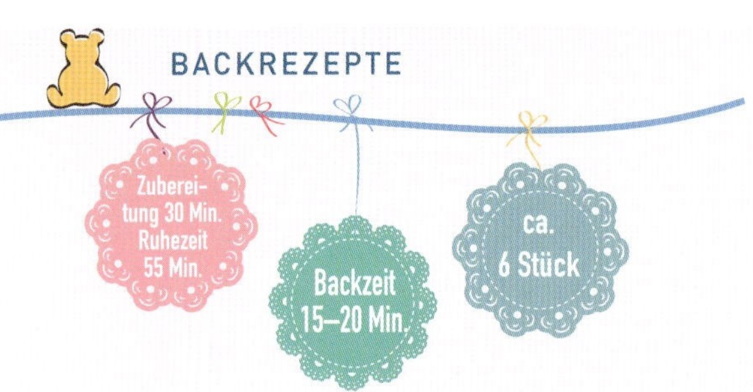

Feine Dinkelbrezeln

ab dem 8. Monat

10 g	**frische Hefe**
1 TL	**Zucker**
150 ml	**lauwarme Hafermilch**
250 g	**Dinkelmehl Type 1050**
½ TL	**Salz**
50 ml	**Rapsöl**

Brezeln sind bei kleinen Knabbermäusen sehr beliebt, sie liegen gut in der Hand und lassen sich auch schon ohne Zähne gut einspeicheln. Hier eine gesunde Variante mit wertvollem Dinkelmehl und ganz ohne Lauge.

1 Die Hefe mit dem Zucker und 50 ml warmer Hafermilch in einer Tasse verrühren und ca. 10 Minuten an einem warmen Ort stehen lassen.

2 Das Mehl abwiegen, in eine große Schüssel geben, in die Mitte eine Mulde eindrücken, das Salz und das Öl hinzufügen.

3 Die restliche Hafermilch sanft erwärmen und ebenfalls zugeben.

4 Die vorgegärte Hefemilch in die eingedrückte Mehlmulde schütten. Die Zutaten mit den Knethaken eines Handrührgeräts zu einem lockeren Hefeteig kneten. Diesen mit einem Küchentuch bedecken und an einem warmen Ort weitere 30 Minuten gehen lassen, dabei sollte der Teig das doppelte Volumen annehmen.

5 Den Teig nochmals durchkneten, in 6 gleich große Stränge unterteilen und daraus Brezeln formen.

6 Den Backofen auf 160° C (Umluft) vorheizen.

7 Die Brezeln auf ein gefettetes Backblech legen und nochmal 15 Minuten gehen lassen.

8 Die Brezeln im Backofen auf der unteren Schiene ca. 15–20 Minuten goldbraun backen.

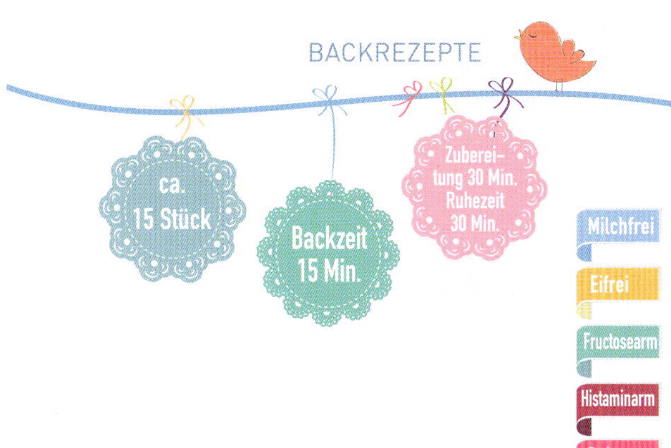

Milchfrei
Eifrei
Fructosearm
Histaminarm
Reizarm

Kokos-Cookies

ab dem 8. Monat

50 g	**Kokosfett, nativ**
1 EL	**Rohrohrzucker**
100 g	**Dinkelmehl Type 1050**

1 Den Backofen auf 180° C (Umluft) vorheizen.

2 Das Kokosfett in einem kleinen Topf leicht erhitzen, bis es flüssig ist. Es sollte aber nicht viel wärmer als 25° C sein.

3 Das Kokosfett mit dem Zucker, dem Mehl und 2 EL kaltem Wasser zu einem glatten, weichen Teig verarbeiten.

4 Aus dem Teig eine etwa 1 cm dicke Rolle formen und 15 gleich große Stücke abschneiden. Diese mit der Hand zu Kugeln formen.

5 Die Kugeln auf ein mit Backpapier belegtes Backblech legen und in jede Kugel mit dem Finger eine Mulde drücken.

6 Im vorgeheizten Ofen ca. 15 Minuten backen.

7 Vor dem Verzehr auf einem Kuchengitter abkühlen lassen.

Diese leckeren Knabberkekse kommen ganz ohne Milch und Ei aus. Gegen Ende des ersten Lebensjahres können Sie sie auch mit einer Messerspitze natürlicher Bourbon-Vanille verfeinern oder nach dem Backen einen Klecks erwärmte Fruchtmarmelade in die Mulden geben. Gut verschlossen sind sie etwa 2 Wochen haltbar.

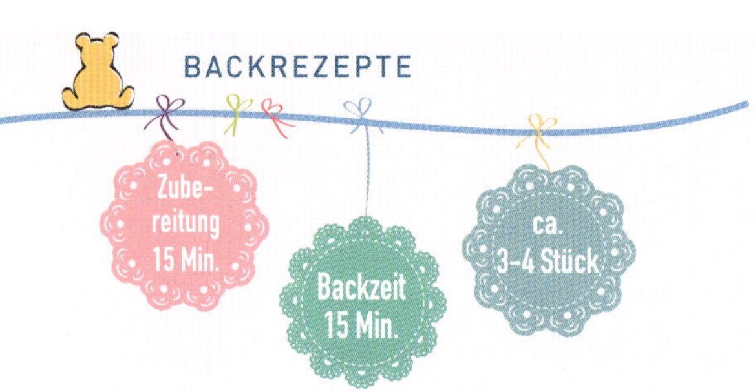

Feine Pfannkuchen

ab dem 9. Monat

30 g	**Amaranth, gepoppt**
1	**Ei**
25 g	**Buchweizenmehl**
75 ml	**Mineralwasser**
	Öl zum Backen
	Marmelade oder Fruchtsoße, je nach Geschmack

Die weichen Pfannkuchen sind ein Leckerbissen und optimal für die ersten Essversuche aus der Hand. Besonders beliebt zum Frühstück für die ganze Familie. In Frischhaltefolie gewickelt auch ein praktischer Happen für unterwegs. Bei Verträglichkeit können Sie das Buchweizenmehl und den Amaranth beliebig auch durch Dinkelmehl Type 1050 ersetzen, Sie benötigen dann allerdings etwas mehr Flüssigkeit. Besonders lecker werden die Pfannkuchen, wenn Sie die Hälfte des Mineralwassers durch Milch ersetzen, ja nach Verträglichkeit.

1 Den Amaranth in 30 ml heißem Wasser kurz quellen lassen.

2 Das Ei in eine Schüssel schlagen und mit einem Schneebesen gut verrühren.

3 Das Mehl dazusieben und klumpenfrei unterrühren. Nach und nach das Mineralwasser gut einarbeiten.

4 Den gequollenen Amaranth locker unterheben.

5 Eine Pfanne mit etwas Öl auspinseln und erhitzen.

6 Eine Kelle Teig in die Pfanne geben und bei mittlerer Hitze einen Pfannkuchen ausbacken. Dabei einmal wenden.

7 Mit dem restlichen Teig wie unter Punkt 6 verfahren, dabei gelegentlich etwas Öl in die Pfanne geben.

8 Die Pfannkuchen vor dem Verzehr abkühlen lassen.

Nach Geschmack dünn mit Marmelade oder Fruchtsoße bestreichen. Als Mittagessen mit Spinat gefüllt ebenso lecker und beliebt. Dazu vor dem Essen zusammenrollen und in etwa 3 cm lange Stücke schneiden. Ein köstliches **Fingerfood.**

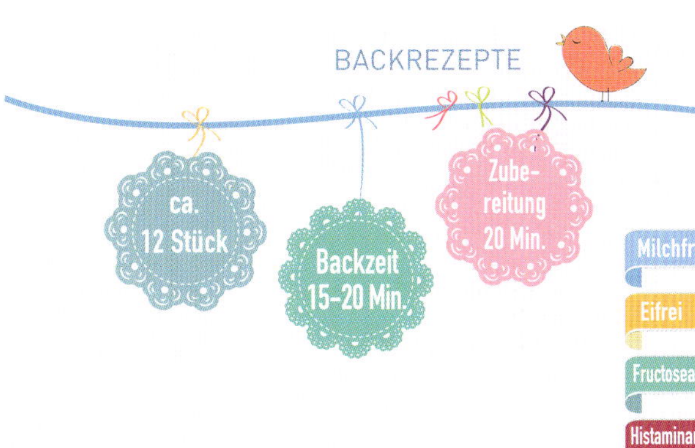

Milchfrei

Eifrei

Fructosearm

Reizarm

Feine Muffins

ab dem 9. Monat

30–50 g	**Rohrohrzucker**
200 ml	**Mineralwasser**
6 EL	**Rapsöl**
4 TL	**Backpulver**
200 g	**Dinkelmehl Type 1050**
100 g	**Obst in kleinen Stückchen, z. B. Apfel, Aprikose, Beeren, Pfirsich, Pflaume**

1 Den Backofen auf 180° C (Umluft) vorheizen.

2 Den Zucker, das Wasser, das Öl, das Backpulver und das Mehl mit einem Handrührgerät zügig zu einem glatten Teig verrühren.

3 Die Obststücke gleichmäßig unterheben und den Teig in 12 kleine Muffinförmchen etwa zu $^2/_3$ füllen.

4 Im vorgeheizten Ofen ca. 15–20 Minuten backen.

5 Vor dem Verzehr auf einem Kuchengitter abkühlen lassen.

Diese saftigen und handlichen Muffins kommen ganz ohne Milch und Ei aus. Gegen Ende des ersten Lebensjahres können Sie sie auch mit einer Messerspitze natürlicher Bourbon-Vanille verfeinern. Beim Obst wählen Sie ganz nach Geschmack und Verträglichkeit. Die Muffins können hervorragend einzeln eingefroren und bei Bedarf im Backofen oder über Nacht aufgetaut werden.

Glossar

Allergen
Stoff, der eine allergische Reaktion auslöst, meist Eiweißverbindungen, unterteilt in Hautallergene (Kontakt über die Haut), Inhalationsallergene (Kontakt durch Einatmen), Injektionsallergene (mittels Injektion dem Körper zugefügt), Nahrungsmittelallergene (Kontakt über Verzehr). Als Nahrungsmittel-Hauptallergene gelten im Säuglingsalter Eiweißverbindungen aus Kuhmilch und Hühnerei, seltener Fisch, Soja, Weizen, Nüsse und Gluten.

Allergie
Veränderte Bereitschaft des Organismus, krankhaft überempfindlich zu reagieren auf normalerweise unschädliche Stoffe. Voraussetzung ist eine vorangegangene *Sensibilisierung* durch Kontakt mit dem jeweiligen Allergen. Meist humoral durch *Immunglobuline* vermittelt (Sofortreaktion), seltener zellulär durch sensibilisierte *T-Lymphozyten* (Spätreaktion). Nahrungsmittalallergien werden auch als allergische *Nahrungsmittelunverträglichkeiten* bezeichnet.

Antikörper
Spezifischer Stoff, der im Körper durch Einwirken eines Fremdstoffes gebildet wird und eine Abwehrreaktion auslöst. Siehe auch *Immunglobulin*.

Asthma
Allergisches Asthma als Sofortreaktion auf entsprechende Allergene. Meist als Folgeerscheinung von allergischem Schnupfen, auch Neurodermitis. Zeichnet sich aus durch anfallsweise heftige Atemnot.

Atopie
Erblich bedingte genetische Veranlagung zur Ausbildung allergischer Reaktionen, insbesondere Neurodermitis, Heuschnupfen und Asthma.

Beikost
Erste begleitende Kost, die ein Säugling im ersten Lebensjahr zusätzlich zu Muttermilch oder Säuglingsmilchnahrung bekommt. Wird schrittweise aufgebaut und fördert neben der zusätzlichen Nährstoffzufuhr die Geschmacksprägung und motorische Entwicklung des Säuglings. Um den ersten Geburtstag herum löst die ausgewogene Familienkost nach und nach die Beikost ab.

Biogene Amine
Im Körper erzeugte oder physiologisch vorkommende, auch in Nahrungsmitten enthaltene Amine, menschliche, tierische oder pflanzliche Stoffwechselprodukte. Histamin, Serotonin, Tyramin führen im Rahmen einer nicht allergischen *Nahrungsmittelunverträglichkeit* zu mengenabhängigen Beschwerden, die ähnlich einer *Allergie* sind.

Darmflora
Vielzahl verschiedener Mikroorganismen, die den Darm besiedeln. Üben verschiedene, sehr wichtige Funktionen aus, wie z. B. Verdauung, Krankheitsabwehr, Vitaminsynthese, Immunmodulation. Wichtigen Einfluss auf die Zusammensetzung der Darmflora hat das Stillen im Säuglingsalter, welches vor allem die Besiedelung mit milchsäureproduzierenden Bakterien (Laktobazillen, Bifidobakterien) fördert. Eine Fehlbesiedelung z. B. in Form einer Veränderung der physiologischen Zusammensetzung oder einer Unterbesiedelung kann zu Verdauungsstörungen, Nahrungsmittelunverträglichkeiten und einer erhöhten Infektanfälligkeit führen. Therapie ist eine zusätzliche Zufuhr von *Probiotika* oder *Prebiotika*.

Fructosemalabsorption
Individuell ausgeprägte, häufig auch vorübergehende Aufnahmestörung des Einfachzuckers Fructose. Durch eine Kapazitätsüberschreitung oder eingeschränkte Funktion des Transportsystems gelangt Fructose in tiefere Darmabschnitte (Dickdarm) und führt durch Vergärungsprozesse zu Beschwerden wie Bauchschmerzen, Blähungen, Übelkeit, Durchfall, Verstopfung.

Gluten
Klebereiweiß; Getreideeiweiß, das vor allem in den heimischen Getreidesorten Weizen, Dinkel, Roggen und Gerste, aber auch Grünkern, Kamut, Einkorn, Emmer, Triticale vorkommt und durch seine Eigenschaften die Backfähigkeit des Mehles bestimmt. Bei einer Glutenunverträglichkeit *(Zöliakie)* führt der Kontakt mit Gluten über eine allergische Reaktion zu einer Schädigung der Darmflora mit Beschwerden wie Übelkeit, Erbrechen, Bauchschmerzen, Blähungen bis hin zu massiven Durchfällen.

Histamin
Biogenes Amin, das weitverbreitet im Pflanzen- und Tierreich vorkommt. Ist in allen Geweben des menschlichen Körpers vorhanden und wirkt als

Botenstoff über spezifische Histaminrezeptoren. Wird bei *Allergien* beim Kontakt von *Immunglobulinen* mit entsprechenden *Allergenen* im Körper ausgeschüttet und führt durch Stimulation von Histamin-H1-Rezeptoren zu den allergischen Symptomen. Bei einer nicht allergischen *Nahrungsmittelunverträglichkeit* durch Histaminintoleranz bzw. *Pseudoallergie* können über verschiedene Wege ohne Beteiligung von *Immunglobulinen* ähnliche Symptome auftreten.

Immunglobulin

Spezifische Antikörper, die vom Körper als Reaktionsprodukte gebildet werden. Unterteilt in verschiedenen Klassen, z. B. IgG, die die Plazentaschranke überwinden und dem Neugeborenen so zu einem Nestschutz verhelfen, IgA, die über die Muttermilch als Schleimhaut-Abwehrbarriere einen Schutz gegen Krankheitserreger bilden, und IgE, die als spezifisch gebildete Allergie-Antikörper zur Ausschüttung von Histamin und den entsprechenden Beschwerdesymptomen führen können.

Lactoseintoleranz

Gestörte Verdauung von Milchzucker (Lactose), bedingt durch einen individuellen Enzymmangel, meist physiologisch erworben im Laufe des Erwachsenenlebens. Unverdaute Lactose gelangt in tiefere Darmabschnitte und führt dort zu Beschwerden wie Blähungen, Völlegefühl, Koliken und Durchfällen. Nicht zu verwechseln mit der allergischen Nahrungsmittelunvertraglichkeit gegenüber Milcheiweiß.

Nahrungsmittelunverträglichkeit

Nahrungsmittelunverträglichkeiten (NMU) sind unterteilt in **allergische Nahrungsmittelunverträglichkeiten**, bei denen immer eine Reaktion des Immunsystems eine Rolle spielt. Im Säuglingsalter insbesondere die Kuhmilch- und Hühnereiallergie sowie Reaktionen auf Soja, Nüsse, Fisch, Weizen und Gluten (Zöliakie). Und **nicht allergische Nahrungsmittelunverträglichkeiten**, die auf unterschiedlichen Reaktionen auf Nahrungsmittelinhaltsstoffe basieren können. Dazu zählen Unverträglichkeiten auf natürliche Nahrungsmittelinhaltsstoffe wie biogene Amine oder Aromastoffe, Nahrungsmittelzusatzstoffe und Kohlenhydratverwertungsstörungen wie die Milchzuckerunverträglichkeit (Lactoseintoleranz) und die Fructoseverwertungsstörung (Fructosemalabsorption).

Neurodermitis

Atopische Dermatitis, gekennzeichnet durch wiederkehrende Hautsymptome wie Juckreiz, Trockenheit, Ekzembildung bis hin zu nässenden Entzündungsreaktionen, ausgelöst durch verschiedene innere und äußere Triggerfaktoren unter Beteiligung einer genetischen Veranlagung. Bei ca. 30–40% der betroffenen Säuglinge spielen Nahrungsmittelinhaltsstoffe mitunter eine Rolle als Auslösefaktor.

Prebiotika

Auch Präbiotika; in der Regel nicht verdaubare Kohlenhydrate, z. B. Inulin, die als Nahrungsgrundlage für physiologische Darmbakterien, wie Lactobazillen oder Bifidobakterien, deren Wachstum positiv beeinflussen und so zu einer Regulation der natürlichen Darmflora beitragen können.

Probiotika

Lebensfähige Mikroorganismen, z. B. Milchsäurebakterien, die durch Anreicherung im Darm das Gleichgewicht der physiologischen Darmflora günstig beeinflussen bzw. durch spezifische Mechanismen eine gesundheitsfördernde Wirkung ausüben können.

Pseudoallergie

Unverträglichkeitsreaktion, deren Symptome sehr stark einer allergischen Reaktion gleichen, jedoch ohne vorherige *Sensibilisierung*, ohne Beteiligung von *Immunglobulinen* und häufig mengenabhängig ablaufen.

Sensibilisierung

Erfolgt beim Erstkontakt mit einem *Allergen*, wobei der Körper spezifische *Antikörper* bildet und beim wiederholten Kontakt mit einer *Allergie* reagiert.

T-Lymphozyt

Weiße Blutkörperchen, die Bestandteil des spezifischen Immunsystems sind. Beteiligt an der Bildung von Antikörpern, als Killerzellen, die Antigene zerstören, oder als Gedächtniszellen mit immunologischem Gedächtnis.

Zöliakie

Glutenunverträglichkeit, bei der durch genetische Beteiligung beim Verzehr von *Gluten* eine immunologische Reaktion abläuft, die zur Schädigung der Dünndarmschleimhaut mit entsprechenden Beschwerdesymptomen führt. Bei bestehender Unverträglichkeit hilft nur ein absoluter Verzicht auf glutenhaltige Nahrungsmittel.

Bücher, Quellen und Informationen, die weiterhelfen

Wer sich noch ausführlicher mit dem Thema Nahrungsmittelunverträglichkeiten auseinandersetzen möchte, dem empfehle ich folgenden Titel:
Nahrungsmittelallergien und -unverträglichkeiten: in Diagnostik, Therapie und Beratung; Ute Körner, Astrid Schareina; Haug Verlag

Weiterführende Informationen und Hintergrund zur aktuellen Leitlinie S3 zur Allergieprävention finden Sie hier:
Allergien vorbeugen – Allergieprävention heute: Toleranzentwicklung fördern statt Allergene vermeiden; Imke Reese, Christiane Schäfer; systemed-Verlag GmbH

Empfehlungen zur Baby- und Kinderernährung gibt das Forschungsinstitut für Kinderernährung in Dortmund heraus; zu recherchieren auf der Website:
www.fke-do.de

Alle Angaben zum Nährstoffgehalt einzelner Lebensmittel sind entnommen aus den
Lebensmitteltabellen für die Praxis; Souci, Fachmann, Kraut; www.sfk-online.net

Weitere Lebensmittelinformationen, vor allem von Fertigprodukten, finden Sie unter:
www.das-ist-drin.de

Angaben zum Nährstoffbedarf, aktuelle Empfehlungen und DACH-Referenzwerte finden Sie auf den Websites der Deutschen und der Österreichischen Gesellschaft für Ernährung
www.dge.de/wissenschaft/referenzwerte
www.oege.at

Informationen und Praxistipps zur glutenfreien Ernährung gibt die Deutsche Zöliakie Gesellschaft DZG unter www.dzg-online.de,
die Österreichische Arbeitsgemeinschaft Zöliakie unter www.zoeliakie.or.at
und der IG Zöliakie der Deutschen Schweiz unter www.zoeliakie.ch

Viele Informationen zu Allergien und Unverträglichkeiten finden Sie auf der Website des Deutschen Allergie- und Asthmabundes e.V.
www.daab.de

Zertifizierte Naturtextilien und mehr bekommen Sie im Onlineshop von Stadelmann-Natur unter:
www.stadelmann-natur.de

Zu Fragen rund um die Themen Baby- und Kinderernährung und Hautpflege besuchen Sie doch meine Website
www.natalie-stadelmann.de

Bildnachweis

Alle Rezeptfotos sowie Foto S.4 Peter Barci.

S. 7 iStockphoto/FamVeld
S. 13 Pitopia/Imaginis/2009
S. 16 iStockphoto/bergamont (Tomaten); iStockphoto/robynmac (Auberginen); iStockphoto/catellan (Bananen); iStockphoto/felinda (Erdbeeren); iStockphoto/Vesna Andjic (Nüsse); alle übrigen: Archiv Styriabooks

S. 20 iStockphoto/skynesher
S. 32 Pitopia/Jürgen Wöhrle/2008
S. 35 iStockphoto/skynesher
S. 40 Pitopia/Wajopi/2008
S. 45 Pitopia/Wajopi/2006
S. 48 iStockphoto/drewhadley
S. 52 iStockphoto/netris
S. 60 Pitopia/Corinna Grissemann/2011
Dekoelemente Kolumne: fotolia/wakatdesign

Rezeptregister